Verriers 1885

Porteurs d'eau et enfants verriers avant 1880

Alain Pelosato

Verriers
de Givors

"Le sable et le feu"
le verre, son histoire, le travail
les machines, la pollution
la solidarité ouvrière

La main-d'œuvre « importée » d'Italie 1905

sfm éditions

Avec la participation de

Maurice Dupuy
Louis Berti
Lucie Del Signore
Raymond Drevon
Daniel Del Signore
Lucien Del Signore
Maguy Del Signore
Betty Di Jorio
Jean-Pierre Bertino
Joannès Eydan
Raymonde Del Signore
Xavier Del Signore

Merci à eux pour leur témoignage, et merci à toutes celles et tous ceux qui contribuent à maintenir la mémoire des verriers et celle de tous les ouvriers givordins

Image de la couverture : la cheminée juste après la démolition de l'usine. *Photographiée par l'auteur le 27 mars 2007*

© Alain Pelosato
Photographies contemporaines de l'auteur
ISBN 978-2-915512-38-0
sfm éditions
Dépôt légal novembre 2019

LE SABLE

ET LE FEU

Les hauts-fourneaux de Hayange (Moselle) et, en perspective, la vallée de la Fensch jusqu'à la centrale thermique de Richemont qui brûlait les gaz de haut-fourneau. On aperçoit ses deux cheminées au fond légèrement à gauche. Elle a fermé en 2010.
La Minette lorraine, le coke et le feu…

Les ouvriers du feu

Je suis né (il y a longtemps) à Algrange, pays du minerai de fer et de la cokerie (avec le charbon, on fait du coke pour les hauts-fourneaux…).

Puis j'ai vécu quelques années à Hayange, au pied des hauts-fourneaux et juste à côté de la mine de fer. Cette mine est devenue aujourd'hui un musée.

Enfin, j'ai déménagé à Serémange-Erzange, et de la fenêtre de ma chambre je voyais l'épaisse fumée rouge des aciéries des convertisseurs Bessemer, un des procédés pour fabriquer l'acier…

Dès l'âge de 14 ans, alors que je me destinais à des études de chimie, pendant les vacances, j'ai travaillé dans la sidérurgie, d'abord au bureau d'étude, puis au laboratoire de spectrographie où nous analysions les échantillons des fours Martin pour suivre au plus près l'évolution de la fabrication de l'acier… Quand j'ai passé les 16 ans, j'ai travaillé comme ouvrier spécialisé dans les laminoirs à froid de…. **Florange** !

J'ai aussi travaillé avec mon regretté oncle comme monteur en charpentes métalliques : nous construisions un hangar qui protégeait les rouleaux des énormes fers à bétons sortis rougeoyants de la tréfilerie et qu'on faisait se promener lentement pour qu'ils refroidissent lentement…

Je travaillais ainsi en usine pendant les vacances pour payer mes études, et de nombreuses années ce fut au blooming...

Quand le lingot d'acier a été coulé à l'aciérie, il refroidit. On le place dans des fours spéciaux pour le réchauffer à la bonne température. Le travail consistait à sortir ce lingot de 12 tonnes de ces fours, de déposer le lingot au début du blooming dans lequel il était écrasé en y passant à plusieurs reprises pour en faire une brame... Une très grande plaque d'acier épaisse. Ensuite cette brame ayant refroidi on la faisait réchauffer dans d'autres fours pour l'écraser à nouveau dans des laminoirs... Pour en faire de la tôle... Puis, si besoin, on écrasait encore cette tôle dans les laminoirs à froid...

Voilà tout le circuit : du haut-fourneau qui produit la fonte, celle-ci entre dans l'aciérie et ensuite l'acier est façonné...

Superbe travail que celui du sidérurgiste ! Comme je comprends ceux qui craignent de perdre ce si beau travail.

Toute ma famille a travaillé dans la sidérurgie : mes oncles à la mine (de fer) pour certains, d'autres aux aciéries, mon père au bureau...

Quand je suis rentré à l'école d'ingénieur, je n'ai pas pu me passer de continuer à passer mes grandes vacances comme ouvrier de la sidérurgie. J'aimais cela et cela me permettait de financer mes études tout en me passionnant.

Je connais donc la classe ouvrière, de par ma famille et de par mon expérience personnelle. Je sais ce que c'est d'être ouvrier, de travailler

dur, de voir l'acier couler, de ressentir la brû-
lure de la brame à 800 degrés passer devant
soi et de veiller à donner le bon coup de ma-
nette pour qu'elle aille au bon endroit dans le
bon sens. Une plaque d'acier rougeoyant qui
pesait 12 tonnes ! C'était l'été, il faisait très
chaud et nos cabines n'étaient pas toutes climatisées...

Et aussi de couper la tôle sortie du laminoir à
froid et de se couper à travers les gants en la
maniant... De faire attention de ne pas
s'oublier sous la fatigue et de se trancher le
poignet.

Se geler les miches à cheval sur une poutre
d'acier à 20 mètres de hauteur à 6 heures du
matin et ses les brûler à midi en plein mois
d'août. Ne jamais oublier qu'on est haut, si
haut, il ne faut pas tomber !

On était fatigué. Très fatigué. Ce n'était pas
les 35 heures ! À l'usine on travaillait 48
heures par semaine en tournée continue, les
3x8, 7 jours d'affilée, une semaine du matin,
une semaine de l'après-midi, une semaine la
nuit... Le plus dur c'était la tournée du matin :
il fallait se lever à 5 heures pour commencer à
6 heures.

Sur le chantier, on travaillait un mois complet
sans s'arrêter, 12 heures par jour du lundi au
vendredi et le week-end on se reposait en ne
travaillant que 8 heures le samedi et 8 heures
le dimanche. 76 heures par semaine !

C'était ça mes vacances d'étudiant, fils
d'immigrés italiens.

Je riais beaucoup intérieurement quand
j'entrais ensuite au PC et que j'entendais ses

dirigeants qui n'avaient jamais rien fait de leurs mains parler de la «classe ouvrière» et me traiter d'intello! Tous ces gens qui «dirigeaient» la CGT ou la jeunesse communiste à 18 ans sans n'avoir jamais travaillé ni dans une usine ni dans un bureau… et qui ont continué à être permanents du PC.

Je souriais aussi en mai 68 quand j'entendais les «gauchistes» parler de la classe ouvrière, eux qui étaient membres de la petite bourgeoisie.

Je ris encore aujourd'hui quand je vois ici tous ces gens qui se réclament de la classe ouvrière sans jamais avoir su ce que cela voulait vraiment dire! Qui se permettent de donner des leçons, de se présenter au suffrage des pauvres gens de ma commune au nom de cette classe ouvrière, dont, pour certains d'entre eux, ils furent les enfants, mais dont ils ne connaissent rien parce qu'ils n'ont jamais travaillé dans une usine…

Les ouvriers de Florange, eux, savent ce que cela veut dire.

Souvent, en bas de chez moi, à Givors, je croise mon ami portugais. Il est à la retraite et il me parle de son travail de maçon. Il me raconte comment il a construit la cité des étoiles où j'habite. Ces gens qui dirigent la mairie font grand cas de cette architecture, mais, eux qui se réclament de la classe ouvrière, n'ont-ils jamais eu un mot, un seul, pour ceux qui l'ont construite de leurs mains?

Ah! L'usine! C'est un lieu magnifique de liens sociaux, de fraternité, de conflits, de technique et de savoir-faire! Givors n'avait jamais manqué d'usines. Mais, aujourd'hui, elles ont toutes fermé !

La plus importante d'entre elles, c'est celle qui est restée le plus longtemps, puisqu'elle est petite fille des verreries installées à Givors dès le 18e siècle. Sa fermeture fut un traumatisme pour la population de la commune.

Il est important de connaître la vie dans cette usine, comment les gens y travaillaient, c'est l'objet de ce livre.

1869 : La verrerie Neuvesel de la Freydière couvre 1 100 m2 (y compris les logements des ouvriers, les magasins et entrepôts...) et compte trois fours. Elle produit tous les verres de bouteilles, plus une spécialité : bonbonnes et dame-jeanne (bouteilles d'une contenance de 20 à 50 litres.

Verrerie Neuvesel première brigade 1912

Verrerie Neuvesel à l'intérieur 1869

BSN au 20e siècle

Les verreries à Givors[1]

Les Neuvesel (Novassalla) sont originaires de la Savoie. Nous les trouvons établis à Aigle et Bex, petite ville du canton de Vaud au VIIIème.
La famille Novassalla à laquelle se rattachent les Neuvesel de Givors tint un rang distingué à la cour des Ducs. Plus tard, les Neuvesel se fixèrent en Franche-Comté où nous les voyons alliés aux Raspiller, gentilshommes verriers de cette province.
Puis, ils suivirent le mouvement d'émigration des verriers Francs-Comtois et, comme les Robichon, les Lanoir, les Pelletier, les Raspiller, ils vinrent s'établir à Givors et à Rive-de-Gier à la fin du XVIIème siècle et contribuèrent pour une large part au succès de l'industrie verrière de notre région.
Les Neuvesel du Lyonnais étaient alliés aux Fleur-delix et aux de la Tourette.
Le Nouvelliste, 11 janvier 1899[2]

Il y a très longtemps, dans le royaume de France, les verriers exerçaient leur art dans les forêts, là où ils trouvaient le bois pour fondre le verre, et aussi le sable. Mais, déjà à cette époque, l'écologie qui ne portait pas encore son nom prenait de l'importance. La surexploitation des forêts par les verriers amena les autorités à prendre des édits sévères pour

---

[1] Pour plus de développement, voir le livre « Histoire de Givors » d'Étienne Abeille et le site d'Yves Chapuis
http://givors.69.free.fr/index.html
[2] Extrait de l'ouvrage de Jean-Michel Duhart « Petits papiers de Givors album No 1 novembre 1983 » dont j'ai utilisé ici de nombreuses photos.

leur protection. La seule solution de remplacement, à la place du charbon de bois, fut le
« charbon de pierre ». Soit le charbon extrait
dans les mines...

« Givors doit à ces circonstances, et à son
heureuse situation, l'établissement de sa première verrerie. » (Étienne Abeille – Histoire de
Givors – 1912 – page 161)

M. Michel Robichon, maître-verrier en 1729 à
Miélin en Franche-Comté connut les charbons
de Rive-de-Gier, près de Lyon au bord du
Rhône et s'y installa en 1749. Un arrêté royal
du 10 mai 1749 l'autorisa donc à construire
une verrerie à Givors avec Joseph Esnard.

**Ainsi « l'établissement Esnard, Robichon
père et fils et Cie fut la première verrerie
de Givors !"**

Une immigration ouvrière se développa, car de
nombreux ouvriers verriers provenant de
Franche-Comté vinrent à Givors. Parmi les-
quels il y avait la famille Neuvesel. 200 ouvriers travaillaient dans cette verrerie qui produisait 500 000 bouteilles par an et consom-
mait 150 bennes de charbon par jour. À partir
de 1755 elle produisit également des vitres.
Cette verrerie fut installée en bordure de la
rue actuelle de l'Égalité.

Après la mort de Robichon père, il y eut bataille entre un des Robichon fils et Esnard pour la propriété de la verrerie (c'était un arrêté royal qui autorisait l'exploitation de la verrerie). Les Robichon eurent gain de cause et restèrent propriétaires. Du coup, dès 1768, Esnard et sa femme créèrent un nouvel établissement à Pierre Bénite.

La verrerie rue de l'Égalité se trouvait à l'emplacement actuel de l'immeuble de logements sociaux à droite

Le métier de verrier était un noble métier, et nombre de simples ouvriers souffleurs étaient nommés « gentilhomme verrier. » Il était interdit par arrêtés aux ouvriers verriers de quitter leur service sous peine de très fortes amendes. N'était pas souffleur de verre qui le voulait ! L'ouvrier souffleur n'admettait pour son apprenti qu'un fils ou descendant de verrier[3]. On est loin du mépris avec lequel les Alchimistes traitaient de « souffleurs » leurs semblables qui pratiquaient leur art avec matérialisme.

Vers la fin du XVIIIe siècle, une seconde verrerie fut créée à Givors.

Messieurs de Bolot, originaires de Malbouhans (Haute-Saône) vinrent créer cette deuxième verrerie à Givors. Ils s'associèrent avec le fils aîné de Joseph Neuvesel. Cette verrerie se trouvait au bord du Rhône, à l'emplacement actuel de la place Port du Bief (pont de Chasse).

Outre ces deux verreries, Givors posséda, dans la première moitié du XIXe siècle, trois autres établissements qui n'eurent pas une longue existence. L'une à l'embouchure du canal (Bassin) en 1820, deux autres, entre la gare d'eau et le Gier (1837). En août 1853 une société au capital de 8 millions acheta toutes les verreries de Givors, ainsi que d'autres verreries aux alentours. À Givors on

---

[3] On voit ainsi que cela est une très vieille tradition.

comptabilisait : Verrerie Dugas (2 fours) — Verrerie Neuvesel (4 fours) — verrerie du Canal (2 fours) - verrerie de la Gare (1 four).

En 1864, la cristallerie May (quartier de la Freydière) est achetée par Jean-Baptiste Neuvesel et Jean-Baptiste Momain aidés par Farge (beau-frère de Neuvesel, commerçant qui apporte les capitaux) : Les Nouvelles Verreries de Givors.

En 1869, la verrerie de la Freydière couvre 1 100 m2 (y compris les logements des ouvriers, les magasins et entrepôts...) et compte trois fours. Elle produit tous les verres de bouteilles, plus une spécialité : bonbonnes et dames-jeannes (bouteilles d'une contenance de 20 à 50 litres.

En 1878, Fleury Neuvesel, fils de Jean-Baptiste apporte le four à gaz Siemens d'Allemagne. Il organise le travail en trois brigades de 8 heures (création des 3x8).

La verrerie quai du Gier fut fondée en 1869 par MM. Vallin, Vellin et Lapeyre, sous la raison sociale « Vallin et Cie ».

En 1907, cette usine avait fermé, mais fut rachetée par MM. Souchon, Momain et autres pour la fabrication mécanique de la bouteille et ont formé une nouvelle société nommée « Souchon, Momain et Cie ». Puis elle devint « Boussois, Souchon, Neuvesel » (BSN) puis enfin VMC (dont les initiales signifièrent deux choses différentes dans le temps) pour fermer en 2003 !

C'est de cette verrerie qu'il est question dans ce livre.

Voir plus de détails sur l'usine BSN dans le chapitre suivant, ainsi que dans la conclusion intitulée : *pourquoi la verrerie a-t-elle fermé ?*

Histoire de la verrerie BSN

La région Auvergne-Rhône-Alpes publie une histoire de la verrerie. Je la reprends ici intégralement.

Historique

Le créateur des verreries de Givors, Jean-Baptiste Neuvesel, est né en 1817 à Givors (Rhône). Cette ancienne famille de verriers originaire du Chablais, part s'installer en Franche-Comté à St-Antoine.
Joseph Neuvesel né en 1714 épouse Anne Catherine Raspiller, fille du fondateur de la verrerie de Saint-Antoine. Ils auront onze enfants, dont trois, Melchior, Joseph et Jean-Baptiste seront verriers.
Au milieu du XVIIIe siècle, l'administration décide de limiter l'abattage des arbres et interdit toutes nouvelles constructions de verreries.
Dans le même temps, la mise en exploitation des mines de charbon dans la vallée du Gier attire les verriers alors que cette activité était peu développée dans cette région, plus d'une dizaine de verreries s'installent à proximité de Givors dont plusieurs sont le fait de verriers venus de Franche-Comté. La verrerie Robichon jouissait d'un privilège royal qui lui donnait le monopole de la production verrière « pour 25 années dans un rayon de 10 lieues ».

Après la fin de ce privilège nombreux verriers viennent s'installer à Givors. C'est ainsi qu'en 1800, s'établit à Givors Melchior Neuvesel, qui s'associe avec un autre verrier franc-comtois, Henri Bollot, pour créer la société « Bollot-Neuvesel et Cie » située au port des verriers. En 1819, la société est dissoute, Melchior garde 2 fours et s'associe à son frère Joseph, en fondant la société « Neuvesel Frères ». En 1827, Melchior est remplacé par le fils de Joseph et la verrerie prend le nom de « Joseph Neuvesel et Cie ».

En 1853, la verrerie est intégrée au sein de la Société Générale des Verreries de la Loire et du Rhône. Cette société regroupe des verreries situées aussi bien à Saint-Étienne et Rive-de-Gier qu'à Givors. Jean-Baptiste Neuvesel fait partie jusqu'en 1863 de l'équipe dirigeante de cette société.

En 1864, il crée avec Jean-Baptiste Momain « les Nouvelles Verreries de Givors », mais en reste le propriétaire négociant (raison sociale « Jean-Baptiste Neuvesel et Cie »), après le rachat de la verrerie Jean Baptiste May et Cie (emplacement actuel de la verrerie), qui avait cessé toute activité depuis 1863.

En 1869, son fils Fleury entre dans la société pour s'occuper de la comptabilité et exercer le métier de souffleur. Son aménagement intérieur comprend « trois fours de fusion de huit grands creusets et dix places chacun, et les annexes habituelles, telles que les pileries à

vapeur, la briqueterie, les chambres à creusets, la forge, la vannerie... ». La société fabrique du verre creux, bouteilles, bonbonnes
de toutes couleurs et dimension avec des
fours à creusets.

En 1878, la verrerie s'étend et achète une verrerie à topettes appartenant aux frères Crines,
située à proximité. Dans le même temps
transformation des trois fours en fours Siemens qui fonctionnent en continu.

En 1900, Fleury Neuvesel succède à son père
Jean-Baptiste. En 1905, Marie la fille de Fleury
épouse Eugène Souchon, ingénieur dans
l'entreprise.

En 1907, les premières machines semi-
automatiques Boucher sont mises en place sur
le nouveau four 4 (en partie ouest de l'actuelle
usine VMC). Eugène Souchon prend la tête de
la verrerie et lui donne un nouvel essor, de
nombreux accords sont passés avec des sociétés d'eau minérales : Vittel, Évian, Vals. En
1921, la production se mécanise totalement
avec les machines O'Neill et Lynch et les fee-
ders Rankin.

Les effectifs de la verrerie varieront en fonction du nombre de fours. En 1864 avec un
seul four on comptait 55 ouvriers verriers
(sans compter les enfants), en 1869 avec trois
fours on passe à 300 personnes. Avec l'arrivée
du four Siemens en 1878, l'effectif passe à
400 ouvriers verriers et de 1911 à 1930, 600

personnes travaillent à la verrerie en comptant les saisonniers. Ce chiffre baissera durant la Seconde Guerre mondiale à environ 480 personnes.

En 1939-1945, l'usine est plusieurs fois bombardée par l'aviation alliée.
En 1970, c'est la fusion de VSN (verre creux) et des glaces de Boussois (verre plat), naissance de la société BSN « Boussois Souchon Neuvesel » présidée par Antoine Riboud. En 1993 et 1994, BSN renforce ses activités verre plat au niveau européen et entame une stratégie de diversification dans l'alimentaire : Kronenbourg, Évian...

Cela aboutit en 2001, à la fusion de BSN et de Gervais-Danone : l'activité verre plat est abandonné au profit de l'alimentaire et le nom de la verrerie "BSN" devient « Groupe Danone ». La même année, la société annonce une fermeture programmée de l'usine prévue pour la fin 2002, à cette date 300 personnes travaillent à la verrerie. De même, un panneau est posé à l'entrée des jardins ouvriers indiquant que la société VMC récupérera la libre disposition des terrains à partir du 31 mars 2003, annonçant également la fermeture des jardins. La société BSN-Glasspack du site de Givors fermera entre le 15 janvier 2003 (fermeture technique) et juin 2003 (fermeture administrative).

Depuis plusieurs années une procédure collective de reconnaissance de maladies professionnelles est menée par les verriers. Début 2017, la Cour de cassation a confirmé le jugement de la cour d'appel de Lyon sur la reconnaissance comme maladie professionnelle du cancer ayant emporté un verrier de Givors (Rhône) exposé trente-trois années durant à des poussières d'amiante et des brouillards d'huile transformés en HAP (hydrocarbures aromatiques polycycliques).

Jardins ouvriers

D'après :
Halitim-Dubois, Nadine. « Les verreries nouvelles de Givors », Patrimoine de Rhône-Alpes – Région Auvergne-Rhône-Alpes
https://www.patrimoine.rhonealpes.fr/recherche/globale?texte=verrerie+de+givors&type

Plan de Givors en 1734

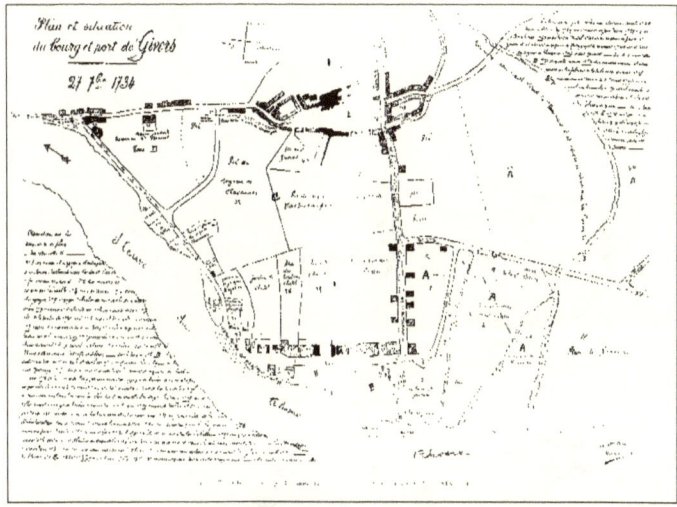

N° 57. — Bulletin d'expédition de la verrerie Robichon, de Givors.

Sources : « Histoire de Givors d'Étienne Abeille (1912)

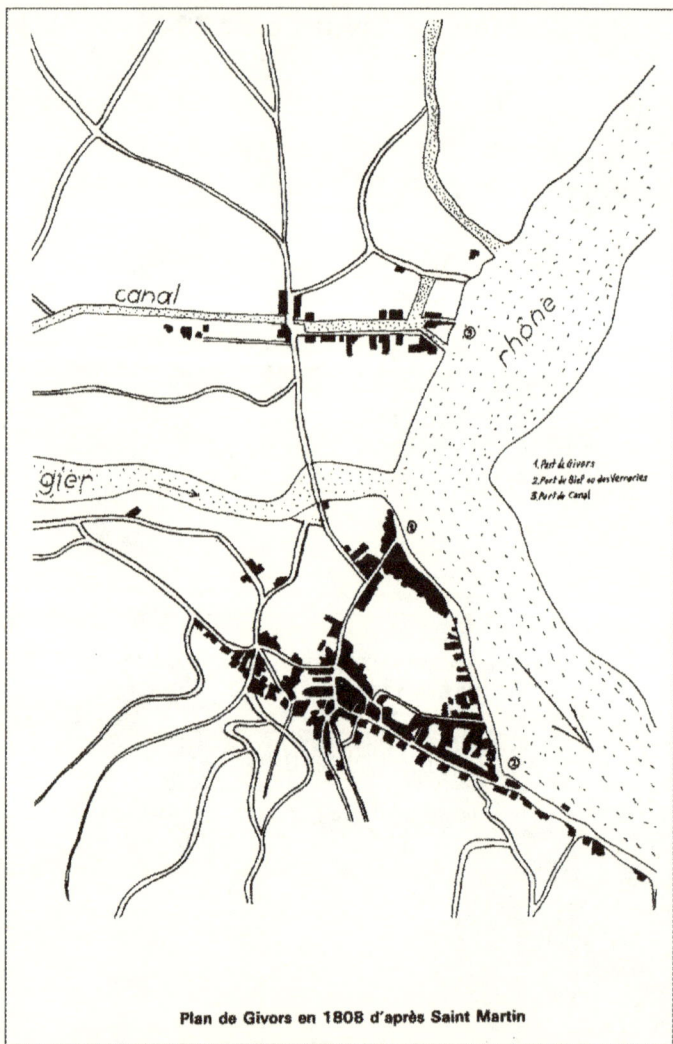

Plan de Givors en 1808 d'après Saint Martin

Notez l'indication au milieu à droite :
« Port du Bief ou des Verreries »

Quand Givors était ville industrielle ouvrière

Givors (Rhône). – Rue de l'Industrie

Il y avait même une *rue de l'Industrie* !

GIVORS. — Un Chantier des Usines Fives-Lille

Sortie des usines Five Lille

GIVORS. - Vue de l'Abattoir

GIVORS (Rhône) — Hauts Fourneaux - Etablissements PRÉNAT

24 - GIVORS (Rhône) - Usine de Produits réfractaires Prost

2146. — GIVORS (Rhône). — Canal et Rue des Tuileries

2130. - GIVORS (Rhône). - La Verrerie Souchon-Neuvesel

Exposition de Gand 1913

Il y avait également de nombreux tissages et moulinages qui employaient une main d'œuvre féminine :

Établissements Grandolmi au 22 rue des Servettes, emploient 2 hommes, 31 femmes et 15 filles.

Les tissages Bredoux, rue du Moulin, emploient 3 hommes, 28 femmes et 12 filles.

La Société de tissage mécanique ; au 22 de la rue Victor Hugo, emploie 4 hommes, 20 femmes et 20 filles environ.

Désiré Faure, rue Saint-Gérald, emploie 5 hommes, 33 femmes et 22 filles.

La Pollution de l'usine

Une verrerie a besoin d'énergie pour fondre le verre. C'est pourquoi, la source d'énergie, les verriers la trouvaient autrefois dans la forêt, avec le bois. Puis, on découvrit le « charbon de terre », le charbon fossile qu'on trouvait dans le sous-sol.

Les usines de verrerie s'installèrent donc à proximité des ressources en charbon, mais aussi de sables, matière première du verre.

Puis, ce fut la combustion des résidus pétroliers, combustibles bon marché, mais vraiment très polluants. Dans le four 8 de la verrerie, on brûlait les résidus de distillation du pétrole, extrêmement polluants. Cela fut d'ailleurs l'objet d'une intervention des syndicats de travailleurs au CHSCT (Comité d'hygiène et de sécurité et des conditions de travail).

Givors, ville industrielle jusqu'à la fin du siècle dernier, souffrait beaucoup de la pollution atmosphérique, à cause de la centrale thermique de Loire-sur-Rhône, qui a brûlé alternativement du charbon et du fuel, et aussi de la verrerie. En ajoutant bien sûr, les pollutions de près de 100 000 véhicules par jour qui traversent Givors, la coupant en deux sur l'autoroute A47.

Le réseau de surveillance de la pollution atmosphérique installé à Givors, comprenait un analyseur des polluants de la combustion des combustibles fossiles (charbon et fuel), essentiellement le dioxyde de soufre, installé sur le toit de la mairie. Dans les années 1970 jusqu'à la fermeture de la centrale de Loire-sur-Rhône et celle de la verrerie, Givors était sous une cape de polluant atmosphérique importante. Lorsque je distribuais des tracts à la sortie de l'usine BSN (à l'époque) et que le vent du sud rabattait sur nous les fumées de la cheminée de l'usine, en tant que chimiste, je reconnaissais l'odeur du dioxyde de soufre, ce goût bien connu lorsqu'on boit un vin blanc de mauvaise qualité trop traité au bisulfite pour sa conservation.

En tant que maire adjoint responsable (entre autres) de l'environnement, je demandai à la COPARLY (organisme de suivi de la pollution atmosphérique de l'agglomération lyonnaise) d'installer à la maison des jeunes située en bordure d'autoroute un analyseur d'air en continu. Sur une période de six mois, je pouvais ainsi comparer les mesures de concentration dans l'air de dioxyde de soufre, d'ozone et d'oxydes d'azotes au bord de l'autoroute, les oxydes d'azote et l'ozone étant les marqueurs de la pollution due à la circulation automobile et le dioxyde de soufre, le marqueur de la pollution industrielle de BSN. Je pouvais comparer cette dernière mesure avec celle de la station de mesure située sur le toit de la mairie qui me donnait les effets de la pollution de la centrale thermique EDF de Loire-sur-Rhône…

Ces mesures ont été réalisées pendant l'hiver 1991-1992.

Elles montrent une importante pollution de dioxyde de soufre apportée par la cheminée de BSN et une importante pollution en oxydes d'azote apportée par la circulation automobile. Je vous propose deux exemples de courbes de l'évolution de la concentration des oxydes d'azote (NO et NO2) dans une journée mesurée au bord de l'autoroute[4] (donc également quasiment sous la cheminée de BSN) et de l'évolution de la concentration du dioxyde de soufre sur trois sites de mesure : le toit de la mairie de Givors (marqueur de la centrale EDF), le bord de l'autoroute A47 (marqueur de la cheminée de BSN) et à titre de comparaison, la moyenne à Lyon. Enfin, une troisième courbe montre l'évolution de la pollution en dioxyde de soufre à Givors en janvier 1994.

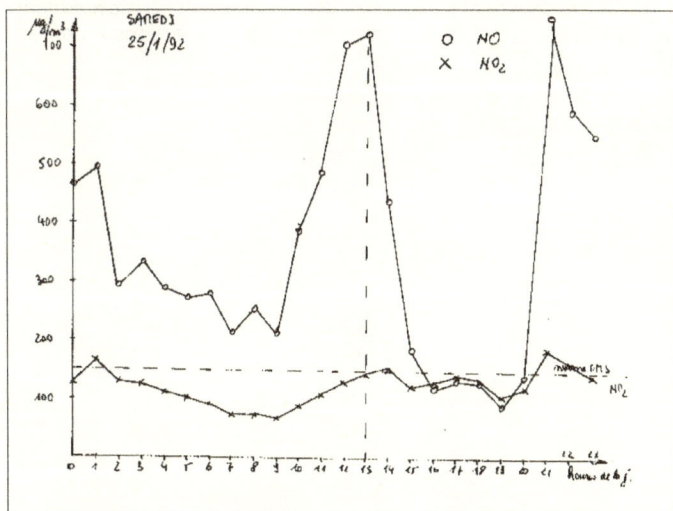

On distingue nettement l'énorme pic de pollution en oxyde d'azote vers 13 heures et le soir vers 21 heures, aux moments où la circulation devient intense.

---

[4] Les concentrations en ozone ne sont pas significatives en hiver.

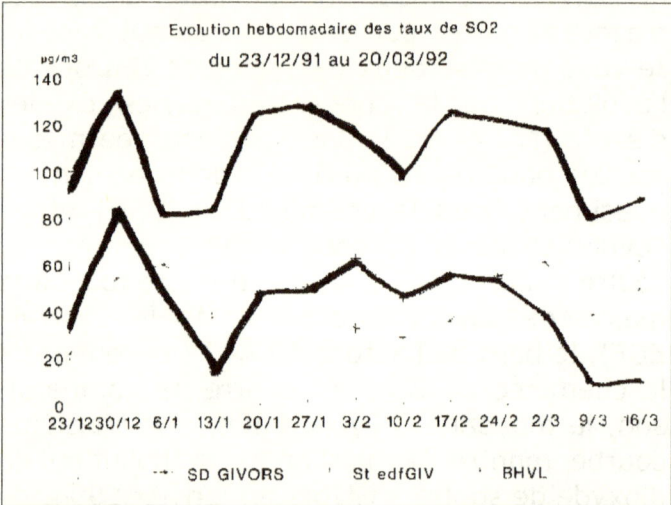

Evolution hebdomadaire des taux de SO2
du 23/12/91 au 20/03/92

SD GIVORS   St edfGIV   BHVL

La courbe du haut montre l'évolution de la pollution en dioxyde de soufre provenant de BSN, celle du dessous celle provenant de la centrale EDF et la troisième en pointillé la moyenne à Lyon.

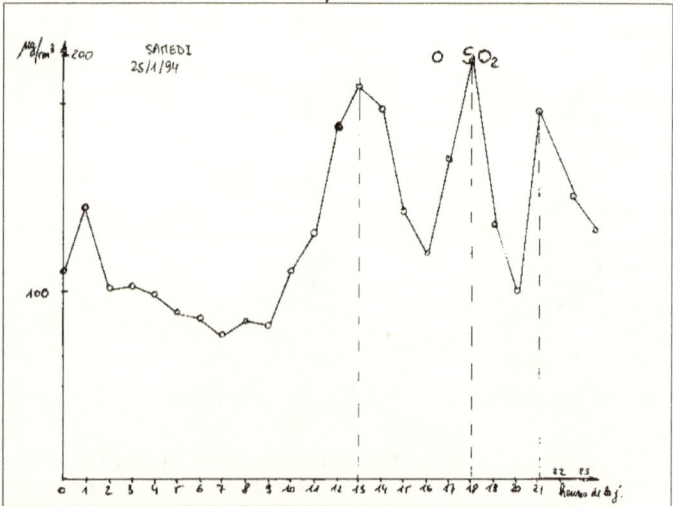

Enfin cette troisième courbe montre la pollution en dioxyde de soufre sur l'ensemble de Givors sur une journée.

Depuis la fermeture de l'usine en 2003, une association d'anciens verriers s'est constituée pour que soient reconnues des maladies professionnelles (cancers) dues aux conditions de travail et à l'exposition à l'amiante et aussi, peut-être d'autres produits cancérogènes.

Après la fermeture de l'usine, la friche industrielle a été prise en charge par EPORA (Établissement Public Foncier de l'Ouest Rhône-Alpes), un organisme public chargé du recyclage des sites de friches industrielles. La mairie de Givors a opté pour la réalisation d'un pôle automobile, et l'aménagement, qui aurait dû durer seulement quelques années, après 12 ans, n'est pas encore terminé !
L'état publie une base de données des terres polluées sur les friches industrielles. La friche de BSN est bien sûr concernée. Le sol du pôle automobile est très pollué. Il a fallu excaver une couche de terre envoyée ensuite dans un centre d'enfouissement de terres polluées, et malgré cela, l'installation d'habitations ou certains types d'entreprises sont interdites. Par exemple tout ce qui est alimentaire y est interdit.
Voici ce qu'indique le site officiel[5] :
https://basol.developpement-durable.gouv.fr

---

[5] Les notes de bas de page sont de l'auteur.

69 - Givors – O.-I. Manufacturing (Ex. VMC)

Démarré au milieu du XVIIIème siècle, l'activité verrière de Givors s'est développée pour atteindre son apogée au milieu du XXème siècle, période pendant laquelle le site de la verrerie VMC a compté jusqu'à 9 fours de fusion du verre. Depuis les années 1970, l'usine ne comportait plus que 2 fours dont les arrêts définitifs sont intervenus respectivement en juillet 2002 et janvier 2003 après la reprise de la société par O.-I. Manufacturing en 2001. Le site, d'une superficie de 9,3 hectares au sud-ouest de la ville de Givors, est bordé : - au nord, par la rivière le Gier, affluent du Rhône ; - au sud, par les voies de chemin de fer et la gare de Givors ; - à l'est, par une zone de commerces et d'habitations ; - à l'ouest, par une zone d'activités industrielles et artisanales. Le site de l'usine comprenait notamment : - 16 bâtiments occupant une surface d'environ 5 hectares (bâtiments de fabrication, hangars et entrepôts de stockage pour les produits finis et les matériaux d'emballages) ; - plusieurs silos de stockage des matières premières (sable, carbonate de soude, carbonate de calcium, laitier, feldspath, etc.) et des cuves aériennes ou enterrées de fioul lourd, fioul domestique et huile soluble. Deux puits implantés au droit du site VMC alimentaient l'usine en eau pour son process industriel. Le site de VMC a été vendu à la société EPORA (Établissement Public Foncier de l'Ouest

Rhône-Alpes) en vue d'y assurer une opération de requalification foncière.

Description qualitative :

Un premier diagnostic initial de pollution sur les sols effectué en 1998 avait révélé la présence de sources potentielles de pollution en :
- HCT[6] et HAP[7] ;
- métaux lourds et plus particulièrement en arsenic.
Les analyses des eaux souterraines avaient également confirmé la présence de ces substances à des teneurs variables selon les emplacements de prélèvements, et avaient montré la présence ponctuelle et à des teneurs assez faibles de composés organiques volatils tels que des BTEX[8] et des COHV[9].
Dans le cadre de l'application des dispositions réglementaires consécutives à la décision de cessation totale d'activité future du site et afin de préciser le diagnostic environnemental pour permettre la reconstitution rapide d'emplois sur ce tènement, la mise en œuvre d'investigations complémentaires par sondages, l'implantation de nouveaux piézomètres, des mesures de gaz dans les sols superficiels, ainsi que des mesures géophysiques ont été effectuées durant la première quinzaine du mois d'avril 2002.

---

[6] Somme de tous les hydrocarbures
[7] Hydrocarbures aromatiques polycycliques (cancérogènes)
[8] Benzène B; Toluène T; Éthylbenzène E; Xylènes X
[9] Composés organiques halogénés volatils

Le diagnostic initial complet remis en décembre 2002 a permis de fractionner le site en 5 zones en fonction des polluants détectés (HAP, BTEX, arsenic et HCT).

Une de ces zones ne présente pas de source de pollution, une autre incluant majoritairement des terrains appartenant à RFF[10], est constituée par des matériaux hétérogènes utilisés vers 1940 pour le remblaiement de la gare d'eau qui avait été creusée pour l'approvisionnement de la verrerie par voie fluviale.

La qualité des eaux souterraines a été examinée à partir d'un réseau 10 piézomètres et des 2 puits existants : seuls quelques dépassements des valeurs guides de l'époque ont été observés sur 3 piézomètres (HAP sur 1 piézomètre, argent sur 1 piézomètre, arsenic sur 1 piézomètre).

L'évaluation simplifiée des risques a rangé le site en classe 1 — site prioritaire pour des investigations approfondies — au titre de la méthodologie nationale des sites et sols (potentiellement) pollués.

L'arrêté préfectoral du 24 avril 2003 a prescrit une surveillance des eaux souterraines à partir d'un réseau d'au moins 12 piézomètres et la réalisation dans un délai de 6 mois d'un diagnostic approfondi et d'une évaluation détaillée des risques.

Les rapports d'étude (Diagnostic approfondi, EDR santé et ressources en eau, Définition des objectifs de réhabilitation) ont été remis en juin 2003, et une tierce expertise de l'EDR

---

[10] Réseaux Ferrés de France

santé a été effectuée par l'INERIS[11] en juillet 2003.

Sur la base de ces différents éléments, un arrêté préfectoral en date du 3 décembre 2003 a confirmé et renforcé la surveillance trimestrielle des eaux souterraines et imposé la mise en place de servitudes d'utilité publique destinées à maintenir des usages du sol compatibles avec les niveaux de risque évalués en fonction de la pollution résiduelle des sols. Le dossier de projet de servitudes a été remis en mai 2004 par la société BSN-Glasspack. La fin de la procédure réglementaire de cessation d'activité a été marquée par un arrêté préfectoral de servitude d'utilité publique daté du 6 mars 2006. Ces servitudes sont actuellement retranscrites dans le PLU[12] de la ville de Givors pour les parcelles concernées. Au cours des premiers travaux de réhabilitation, une nouvelle source de pollution a été découverte le 1er juin 2006 lors de la réalisation des travaux de déconstruction du site. Lors des travaux visant à enfouir les canalisations et les réseaux électriques au cours de l'été 2007, quelques sources de goudron ont à nouveau été excavées.

Enfin, après une information de la société EPORA[13] par rapport à des pollutions découvertes dans le sol, l'inspection des installations classées s'est rendue sur site le 16 octobre 2009.

---

[11] Institut national de l'environnement industriel et des risques
[12] Plan Local d'Urbanisme
[13] Établissement public foncier de l'Ouest Rhône-Alpes

Il a été constaté la présence de 2 trous où apparaissaient des enceintes bétonnées de 10 m sur 5 pour l'une et 17 m sur 6 pour l'autre avec une profondeur de 1,2 m. Les excavations de la première étaient polluées par des amalgames noirâtres hydrocarbonés selon les ouvriers du chantier. La seconde était remplie d'eaux de pluie souillées à des degrés divers d'hydrocarbures. Il a été également constaté la présence d'un troisième trou où se trouvaient quelques déchets métalliques pouvant être les restes d'une cuve.

Les conditions sur le site n'ont pas permis de juger de la présence ou non d'une pollution des sols et sous-sols.

L'arrêté préfectoral d'urgence du 21 octobre 2009 a imposé :

- la résorption de la pollution (délimitation de la zone polluée avec évaluation du degré de pollution, évaluation des conséquences de la pollution du sol sur les eaux souterraines et réévaluation des servitudes d'utilité publique associées au site, traitement de la pollution, pompage des eaux météoriques souillées) ;

- une étude complète par un cabinet d'hydrogéologie pour évaluer les impacts éventuels et les moyens de suivi adaptés ;

- des analyses des eaux de la nappe phréatique selon une fréquence bimensuelle (hydrocarbures totaux) ;

- la mise en sécurité du site par la mise en place d'une couverture plastique pour éviter un entraînement des pollutions par les eaux de pluie.

L'ensemble de ces exigences ont été satis-faites. Le rapport reçu le 5 mars 2010 et vali-dé par l'inspection conclut à l'absence d'impact sur la nappe.

Après 39 campagnes d'analyses des eaux sou-terraines, les paramètres mesurés, notam-ment les HAP, sont en nette baisse : l'en-semble des paramètres restent en dessous des valeurs de potabilisation de l'eau données par l'arrêté du 11 janvier 2007 pour les pié-zomètres au droit du site.

Suite à une demande d'allègement de la sur-veillance des eaux souterraines par O.-I. Ma-nufacturing, l'arrêté préfectoral complémen-taire du 6 novembre 2013 impose une surveil-lance semestrielle via 5 piézomètres sur les paramètres suivants : HAP totaux, sulfates, ammonium, arsenic, cadmium, cuivre, chrome, mercure, nickel, plomb et zinc.

Après l'allègement du suivi en 2013, l'exploitant a transmis à l'Inspection des ins-tallations classées le 8 mars 2019 une de-mande d'arrêt de la surveillance.

L'analyse des résultats sur la période 2013-2018 confirme la tendance précédente. Ainsi, compte tenu de l'absence notable de dépas-sement des seuils de référence depuis 2009, le service de l'Inspection des installations clas-sées propose à monsieur le préfet l'arrêt de la surveillance des eaux souterraines, et un arrê-té préfectoral est pris dans ce sens le 29 juillet 2019.

Voici les polluants présents, caractérisés ainsi par le service de l'État : «teneurs anormales dans les sols et les eaux souterraines.»

Dans les sols : H.A.P., Arsenic, BTEX, Hydro-carbures, Solvants halogénés.
Dans les eaux souterraines : Arsenic, HAP, Hydrocarbures.

Il est dommage que le maire de Givors (Martial Passi) et son successeur (Christiane Charnay) n'aient pas assuré une complète transparence sur la pollution des sols. Pire même, la mairie a organisé des potagers de l'autre côté du Gier alors que l'analyse des terres a montré une pollution à l'arsenic et que l'organisme ayant réalisé l'analyse a préconisé d'enlever une couche de terre et de combler avec des terres saines, ce qui n'a pas été fait.

Famille de verriers à Montrond pour une communion

Loger les verriers !

Jusque vers les années 70, les patrons de la verrerie veillaient à loger leurs ouvriers. Ils le firent dans des immeubles caractéristiques, avec une façade simple et, à l'arrière, des coursives qui longeaient tout le bâtiment et qui permettaient l'accès aux logements, assez petits composés d'une grande cuisine et une ou deux chambres. Des familles parfois nombreuses logeaient là.

Il n'y avait pas de WC, il y avait des latrines communes dans la cour. Comme dans toutes les habitations de l'époque. Quand le tout-à-l'égout fut installé par la commune, la verrerie a installé un WC par étage et par logement, d'où cette colonne qui fait comme un appendice à l'arrière des bâtiments.

Ces immeubles historiques existent toujours. On se rappelle le bâtiment des verriers de la Freydière, celui de Montrond, et le bâtiment « à vitres » de la rue du Moulin, aujourd'hui à proximité du rond-point qui mène au centre commercial.

Voir les clichés ci-contre.

D'autres patrons d'industrie ont construit des logements pour leurs ouvriers à Givors comme Prénat, avec la cité du Garon et Five-Lille avec les immeubles des Plaines.

Cité du Garon

Le bâtiment de la rue Neuvesel (vu de dos) en 1980

le voici photographié le 5 octobre 2019

Voici le pont de Montrond qui franchissait le canal et on aperçoit
le bâtiment de Montrond (logement des verriers)
Les immeubles à gauche ont été aujourd'hui démolis.

Le bâtiment de Montrond, sa façade sur la rue du même nom

L'arrière du bâtiment de Montrond avec les coursives

Le bâtiment à vitre rue du Moulin

NB Le bâtiment de Montrond et le bâtiment à vitre ont été récemment rénovés

Le bâtiment à vitre

23. GIVORS — 1er plan - Cité Fives Lille, au fond, cité P.-L.-M.

Cités Five Lille

À la machine, usine de Gironcourt

L'association des anciens verriers

À propos de Camille Vallin, alors que Raymond Drevon [14] me montre le dernier livre que l'ancien maire de Givors avait publié, il me dit :

« Camille, c'est le seul que j'ai apprécié. Je me rappelle il avait dit à Passi : '*Méfie-toi, la COURLY c'est un casse-gueule, tu ne seras plus maître à Givors.*' Avec lui on pouvait discuter sans tenir compte des idées de chacun. »

Je prenais connaissance de ce livre que je n'avais jamais lu.

À l'époque de la publication de son livre, j'avais constaté que Camille Vallin avait donné

---

[14] Voir son témoignage plus loin.

des gages à Martial Passi (alors encore maire de Givors) en publiant un article dirigé contre moi dans le *Vivre à Givors*[15]. J'en avais été blessé, ayant été pendant 22 ans son collaborateur et ayant consacré mon énergie à son service, mes compétences et mes connaissances. J'avais espéré que nos liens d'amitié auraient empêché ce genre d'attaques personnelles.

C'est peu de temps après que Camille avait signé son livre en mairie de Givors, et, connaissant les habitudes de la maison, et celles de son éditeur qui ne publie que des livres auxquels l'auteur assure un minimum de commandes, j'en déduisis que la mairie avait acquis un certain nombre d'exemplaires. Il est vrai que Camille fut maire pendant de longues années (1953-2003, soit cinquante ans) et peut-être que Givors lui devait bien cela.

À la lecture du titre de cet ouvrage, « Lève-toi pauvre humanité », on peut imaginer un pamphlet consacré aux « luttes » d'émancipation. En fait, j'ai constaté qu'il s'agit d'un livre à sa propre gloire...

« En 2003, il fait paraître ses Mémoires, "Lève-toi, pauvre humanité", dans lesquelles il retrace son parcours politique. » Indique le site VivéWebTV, l'agence qui travaillait pour la mairie d'extrême gauche de Grigny dont le maire était René Balme.

---

[15] Mensuel de la Municipalité distribué dans les boîtes aux lettres.

Il faut reconnaître à ce dernier d'avoir organisé deux colloques qui concernent le sujet de ce livre, le 13 octobre 2012 et le 10 octobre 2015, au centre Brenot, sur le thème :

« Les verriers ne sont pas seuls exposés aux risques professionnels »… Curieux titre. Je n'ai pas pu me procurer les comptes rendus de ces colloques. C'est dommage.

La banderole d'un de ces colloques est signée de mon ami Georges Millon, avec qui j'ai eu le plaisir de réaliser une belle BD : « L'appel des Vors », publiée par l'association des amis du Vieux Givors que j'avais créée. Cette banderole est très expressive !

Un dernier colloque a eu lieu à Givors, les 14 et 15 novembre 2019.
Voici, le texte de présentation de ce colloque présenté sur le site
http://www.verriers-givors.com :

Cent ans de sous-reconnaissance des maladies professionnelles (1919-2019)
4 septembre 2019

La loi du 25 octobre 1919 instaure en France le droit à la réparation forfaitaire des maladies professionnelles. Elle étend le « deal en béton » établi par la loi de 1898 sur l'indemnisation des accidents du travail à de nouveaux maux affectant les corps ouvriers : en contrepartie de leur immunité civile, les employeurs acceptent l'automaticité d'une indemnisation forfaitaire des salariés lésés. Ceux-ci bénéficient d'une présomption d'imputabilité au travail des maladies réglementairement définies comme « professionnelles », leur épargnant la charge de la preuve. Un système de « tableaux » précise la liste des pathologies indemnisables et les conditions administratives à remplir pour avoir droit à la reconnaissance d'une maladie professionnelle.

Jamais ce compromis n'a totalement satisfait les parties, du fait notamment de l'impuissance à obtenir l'interdiction de l'usage des poisons pour les salariés, et des réticences des employeurs à reconnaître de nouvelles maladies. Cent ans après l'adoption de la loi de 1919, la sous-reconnaissance des maladies professionnelles reste patente, comme l'illustre le cas des cancers. Plus de deux millions de salariés français sont exposés à des produits cancérogènes sur leur lieu de travail, et on estime que 4 à 8 % des cancers survenant chaque année en France sont imputables à ces expositions, soit 14 000 à 30 000 cas. Pourtant, moins de 2 000 cancers professionnels sont reconnus chaque année, dans leur très grande majorité (plus de 80 %) en lien avec une exposition à l'amiante. Cette situation a maintes fois été pointée par des rapports publics, et s'est même institutionnalisée depuis deux décennies à travers le versement d'une compensation financière par la branche accidents du travail et maladies professionnelles (AT-MP) à la branche maladie de la sécurité sociale. Malgré cette prise en compte formelle d'une sous-reconnaissance de l'origine professionnelle de nombreuses maladies chroniques, les principes fixés en France pour la reconnaissance des maladies professionnelles n'ont évolué qu'à la marge en un siècle.

« *Cent ans de sous-reconnaissance des maladies professionnelles (1919-2019)* » fut le thème d'un colloque tenu en juin dans l'amphithéâtre Simone Veil à Paris, organisé par Sciences Po, le CNRS et l'Université de Paris-Dauphine. Quatre sessions de ce colloque examinèrent successivement :
1/ Le moment 1919 : la reconnaissance des maladies professionnelles et ses limites ;
2/ Les frontières des maladies professionnelles ;
3/ Usages et mésusages des catégories juridico-administratives ;
4/ Les enjeux des transformations actuelles, au sein d'une Table ronde.

Comme un prolongement de ce colloque scientifique tenu en juin à Paris, cinq de ses animateurs participeront au colloque des verriers organisé en partenariat avec Sciences Po Lyon et la Maison des Sciences de l'Homme Saint-Etienne Lyon, soutenu par la Région Auvergne-Rhône-Alpes et les villes de Givors et Grigny.

Ses travaux se dérouleront les 14 et 15 novembre, à la Maison du fleuve Rhône à Givors.

Évidemment, il ne s'agira pas d'une répétition, mais d'un prolongement du débat en région, avec la participation d'autres scientifiques et nombre de militants d'entreprises et associatifs engagés sur les questions de reconnaissance en maladie professionnelle et environnementale. Ce colloque sera organisé en cinq ateliers examinant parallèlement :

1 – Comment défendre la santé à partir de l'entreprise ?

2 – En quête de responsabilités : quelles actions en justice ?

3 – Maladies professionnelles (1919-2019) : des droits à faire respecter

4 – Précarité, conditions et organisation du travail : quelles conséquences sur la santé ?

5 – Du travail aux lieux de vie : quelles luttes communes pour la santé et l'environnement ?

Le jeudi, en fin d'après-midi, une conférence sur « *les enjeux de santé au travail et environnementale* » sera animée par un professeur émérite à l'université Paris-Ouest et un membre du collectif confédéral Travail-santé de la CGT.

Voilà qui montre que depuis la fermeture de la verrerie en 2003, les débats foisonnent en même temps que les difficiles actions en justice contre le groupe O.-I.-Manufacturing.

La bataille n'est pas facile.

Par exemple, en juillet 2013[16], l'association des anciens verriers de Givors avait demandé le classement de la verrerie en « site amianté ».

En octobre 2014, les anciens salariés n'avaient pas obtenu gain de cause auprès du ministre du Travail.

Ils avaient alors engagé un recours devant le tribunal administratif de Lyon. Mais la justice administrative a rejeté leur demande en novembre 2016.

Les anciens verriers de Givors ont alors fait appel auprès de la cour administrative d'appel de Lyon qui a confirmé le rejet formulé par le tribunal administratif[17]. Ce qui est souvent le cas, j'en parle en connaissance de cause.

Quels sont les arguments de la cour administrative d'appel, et donc ceux aussi du tribunal administratif ?

« L'établissement VMC de Givors exerçait une activité accessoire de calorifugeage à l'amiante à l'usage de fours nécessitant d'importants dispositifs de calorifugeage », pour limiter la déperdition de chaleur et éviter les chocs thermiques aux pots de verre...

---

[16] Pourquoi avoir attendu dix ans après la fermeture de l'usine ?
[17] Arrêt du 8 octobre 2018. Le lecteur notera les délais entre la demande au ministère et l'arrêt de la cour administrative d'appel : 2013 à 2018. Il faut être patient et persévérant.

Effectivement « La protection contre la chaleur des fours de fusion du verre des ouvriers de fabrication impliquait de leur part la manipulation de divers dispositifs à base d'amiante tels que des plaques de protection... » Admet-elle.

Mais, la cour explique que les pièces produites par les **deux**[18] parties (...) « font état d'une exposition d'une heure par semaine pour les fondeurs et de moins de trente minutes par semaine pour les secteurs de fabrication et d'entretien ». Donc, dit l'arrêt de la cour, ces pièces « ne permettent pas de démontrer la proportion de salariés qui ont été affectés à des opérations de calorifugeage à l'amiante au sein de l'établissement concerné. »

« Dans ces conditions, une telle activité ne peut être considérée comme revêtant un caractère significatif au cours de la période comprise entre 1966 et 2003. »

Évidemment, les verriers ne sont pas d'accord. L'association déclare : « Ce nouveau refus d'inscription du site constitue une nouvelle injustice au regard du nombre de malades, du nombre de reconnaissances en maladies professionnelles obtenues et de décès liés à l'exposition à ce cancérogène avéré. »

Elle évoque enfin « une discrimination, au regard des quatre autres verreries françaises semblables à celle de Givors qui ont déjà bénéficié de ce classement ».

L'inscription de l'usine de Givors sur la liste des sites amiantés du Ministère du Travail permettrait aux anciens salariés de bénéficier

---

[18] C'est moi qui souligne

d'un suivi médical après leur départ, d'une reconnaissance en maladie professionnelle si le cas se pose et pour ceux qui le souhaitent, d'un départ en préretraite.

Ceci dit, il faut savoir que le tribunal administratif ne fonctionne pas comme un tribunal judiciaire. Le tribunal administratif ne répond qu'à la question posée et rien d'autre, il n'a pas le droit de regarder ailleurs. Peut-être que la question, justement, avait été mal posée.

En effet, la maladie de Christian Cervantès a été reconnue comme maladie professionnelle, mais pas à cause de l'amiante. De même, le tribunal des affaires de sécurité sociale de Lyon a reconnu la « faute inexcusable » de la société O.-I. Manufacturing, repreneur de BSN-Glasspack, après le cancer d'un ancien verrier de Givors. Dans son jugement du 20 mars 2018, le tribunal estime que l'épithéliome cutané du nez développé par Abdelkader Dali, 78 ans, suite à son exposition à l'**arsenic** - et reconnu comme maladie professionnelle en août 2013 par la Sécurité Sociale -, « a pour origine la faute inexcusable de la société O.-I. Manufacturing France » et fixe donc sa rente « au taux maximum ».

L'action finit par payer ! Bravo !

La revue Sciences et Avenir a publié une chronique du livre « Qui a tué les verriers de Givors ? » de Pascal Marichalar. On pensera ce qu'on veut du titre un peu racoleur, mais là n'est pas la question. Voici ce que dit la revue.

« Cette enquête tombe à point nommé après la parution des dernières statistiques de l'Insee sur l'espérance de vie en France. Dans sa publication de février 2018, l'institut constate un écart de 13 ans d'espérance de vie entre les hommes jouissant d'un niveau de vie élevé et ceux disposant des revenus les plus faibles. Pour expliquer cette inégalité criante, les statisticiens invoquent notamment le fait que les cadres sont moins soumis aux risques professionnels (accidents, maladies, exposition à des produits toxiques) que les ouvriers. Tout l'intérêt du livre de Pascal Marichalar est de donner des visages et des noms à cette réalité française. Il y raconte le combat d'ouvriers pour faire reconnaître leur cancer comme maladie professionnelle. »

L'auteur est interviewé dans le cadre de cet article. Il déclare, à juste titre : « Les véritables experts, qui peuvent faire changer les choses par leurs mobilisations, sont les travailleurs eux-mêmes. »

Ce qui est bien dit et bien juste, mais qui suggère, implicitement dans le cas de la verrerie, que les dirigeants de la puissante CGT dans l'usine n'ont pas été à la hauteur de leurs responsabilités dans ce domaine des maladies professionnelles pendant son activité. D'ailleurs, j'en ai fait l'amère expérience moi-même. Alors qu'en tant qu'écologiste et maire adjoint à l'environnement et également comme militant de la CGT[19], j'avais diligenté et publié l'étude ci-dessus[20], ces dirigeants de la CGT de l'usine avaient déclaré dans la

---

[19] Je l'ai été durant toute ma carrière professionnelle soit 36 ans après avoir été syndicaliste au SNES et à l'UNEF...
[20] Chapitre « La pollution de l'usine ».

presse : « Pelosato veut faire fermer la verrerie. » J'ai vraiment mal vécu cela, et ajouté à tout le reste, cela faisait beaucoup. Je me suis senti bien seul, personne ne m'a soutenu, ni la municipalité dont je faisais partie en tant qu'adjoint, ni mes camarades du PCF...

En tant qu'écologiste j'appliquais un principe simple : « Quand une usine pollue à l'extérieur, elle pollue aussi à l'intérieur ! » C'est un principe que je partageais avec mes nombreux amis CGT du Mouvement national de lutte pour l'environnement (MNLE) que j'avais contribué à créer en 2001 et dont j'étais le secrétaire national.

J'avais visité l'usine plusieurs fois. Je voyais bien qu'il y avait de gros problèmes de conditions de travail. De plus, les conditions de travail, la sécurité au travail, étaient un volet important de mes fonctions professionnelles. Dans les débuts de l'action des anciens verriers, j'avais d'ailleurs téléphoné à madame Cervantès pour lui proposer de les aider sur ce sujet. Je suis tombé sur son répondeur et laissé un message. Elle ne m'a jamais rappelé.

Peu importe, revenons à l'actualité.

J'approuve à cent pour cent cette affirmation de l'auteur, Pascal Marichalar :

« Sur le front des conditions de travail, il y a beaucoup de mesures simples à prendre. Faire appliquer la loi qui enjoint de substituer les produits dangereux par des produits moins dangereux lorsque c'est possible, et toujours mettre en œuvre 100% des mesures de prévention disponibles, même si cela semble cher sur le moment (à long terme, les maladies évitées sont autant de coûts en moins pour nos sociétés). Appliquer la loi pénale sur la mise en danger d'autrui, afin d'exprimer haut et fort qu'il est interdit d'empoisonner, même au travail, même sans intention de faire du mal. »

Encore fût-il nécessaire que ces très beaux préceptes eussent été exigés et obtenus du patron de la part des personnes qui étaient en responsabilité syndicale en leur temps à la verrerie...

La cheminée !

La fameuse cheminée avec son renflement qui constitue d'un château d'eau, la verrerie étant très assoiffée d'eau fraîche, est devenue à la fois l'emblème de l'usine, aujourd'hui disparue, mais aussi l'emblème de la désindustriali-sation de Givors et, aussi, celle de la lutte des anciens verriers pour la reconnaissance de leurs maladies professionnelles.

Cette cheminée est celle du four 8. Il y avait deux fours, avant la fermeture, le four 7 et le four 8. Le four 7 était muni d'une beaucoup plus petite cheminée située plus en arrière, et elle était beaucoup moins polluante, car elle brûlait essentiellement du gaz (voir les témoignages ci-après).

Celle-ci était très polluante. Elle crachait les fumées de combustions de fuels très lourds, derniers des derniers résidus de distillation du pétrole. Je traite de ce sujet, ci-dessus, dans un chapitre consacré à la pollution.

Razika Dali, fille d'un ancien verrier, estime que cette construction constitue un patrimoine alors que l'industrie de la verrerie a commencé en 1749, et cette mémoire appartient à Givors, aux ouvriers et à leur famille.

En tant qu'auteur de ce livre je ne peux que souscrire à cet objectif.

En attendant l'étude, en 2020, du dossier d'inscription au titre des monuments historiques par la commission régionale du Patrimoine et de l'architecture, une stèle mémorielle a été inaugurée le 19 octobre 2019 par la mairie.

LES TÉMOINS

2130. - GIVORS (Rhône). La Verrerie Souchon-Neuvesel

Maurice Dupuy

Né le 22 août 1942

« Je suis rentré à BSN en 1963 ; à mon retour du service militaire, j'avais été licencié de chez Berliet. Pendant mes études au lycée technique, j'avais fait tous mes stages à la verrerie, puisque mon père travaillait là-bas. Je connaissais l'usine avant d'être embauché ! »

Maurice est rentré comme électromécanicien, pendant 7 ans, après pendant 28 ans il était au service fusion, responsable de la centrale des compositions et de l'approvisionnement des matières premières, et puis pendant deux ans, comme ils avaient le droit de prendre une « espèce de préretraite », il a été responsable de l'apprentissage, avec des CAP, des bacs techniques, des BTS et même des ingénieurs en formation… »

Pendant deux ans il s'est occupé de l'entretien général et ensuite, pendant cinq ans, il fut électricien posté, c'est-à-dire qu'il s'occupait de toutes les machines de tri et d'emballage.

« Au service fusion, il y a deux parties : la préparation des matières premières d'abord : à la centrale des compositions, on extrait toutes les matières premières, elles sont pesées, dosées et introduites dans le four. Et puis la deuxième partie, c'est la gestion des deux fours, le four 7 et le four 8. Les matières premières ce sont tous les produits pulvérulents qu'on mélange pour faire du verre. Du sable, du carbonate de soude, du carbonate de chaux, du feldspath, du laitier de hauts-fourneaux, du sulfate de soude et des produits décolorants pour faire du verre blanc. J'ai été donc obligé de suivre une formation et j'ai passé le bac de chimie.

« À cette époque, BSN était à la pointe de la formation. J'ai suivi beaucoup de formations, à Saint-Andéol, au centre de formation de BSN, et partout dans toute la France. Ensuite, je suis devenu formateur moi-même, ce que j'aimais passionnément, parce qu'un jour je me suis aperçu que ce que j'aurais aimé, c'est d'être instituteur... »

Quand il était ouvrier (parce qu'après il était dans la haute maîtrise) il a milité au syndicat CGT, il était trésorier.

Sur le plan syndical, il y avait dons deux syndicats, la CGT et puis, d'abord la CFTC qui est devenue CFDT, et puis la CGC s'est implantée, bien que la CGT et la CFDT avaient une section-cadres et agents de maîtrise...

« C'était l'époque où tout le monde était syndiqué pratiquement. 95 % étaient syndiqués. Et la CGT avait 80 % des syndiqués. J'étais membre du comité d'entreprise et trésorier du syndicat. Du temps de Francis Rosa, Michel Grimaldi... J'étais aussi au comité central d'entreprise au moment où Souchon-Neuvesel est devenu Boussois-Souchon-Neuvesel. Boussois fabriquait du verre plat, des glaces des parebrise et des vitres. Et ensuite, quand j'étais agent de maîtrise, j'ai un peu laissé tomber, j'avais toujours mes convictions, mais c'était plus délicat parce qu'en tant qu'agent de maîtrise et cadre on est entre la marteau et l'enclume, on ne peut pas tout faire en même temps... J'ai vécu pas mal de grandes luttes sur Givors. Contre la fermeture des hauts-fourneaux de Chasse... C'était du temps où j'étais ouvrier... des manifs j'en ai fait quelques-unes. Contre la fermeture de Prénat, actions pour Five-Lille, Berthiez... »

C'est vraiment désespérant quand on voit comment toutes ces usines ont disparu...

« J'ai tous les bouquins *Les petits papiers de Givors* de Jean-Michel Duhart[21], il y a une photo prise des hauteurs au-dessus de la gare, on voit une telle pollution, un nuage de fumée duquel seules les cheminées des usines dépassent. »

Alors que j'évoque l'histoire des implantations des verreries à Givors depuis 1749 (voir mon introduction ci-dessus sur ce sujet), Maurice acquiesce et parle aussi de la cristallerie, qui

---

[21] Hélas décédé prématurément...

était située à l'angle de la rue Jean Ligonnet et de la rue Auguste Delaune, à proximité du stade et des ateliers municipaux, et qui accueille maintenant une école spécialisée pour les enfants handicapés.

« C'était une vraie cristallerie qui fabriquait des ampoules ! Je n'ai pas connu cette entreprise, mais il y avait des collègues qui avaient travaillé là-bas... La cristallerie Gramont je crois... À vérifier ![22] ».

Il y avait une très bonne ambiance à la verrerie, ce qui n'empêchait pas la lutte des classes (comme on dit) ?

« Bien sûr. En mai 68 nous avons fait grève et occupé l'usine. Mais comme c'est une industrie en continu, on ne pouvait pas arrêter, il a fallu conserver l'outil de travail, et comme les cadres n'étaient pas là, je suis resté dix jours sans rentrer chez moi ! C'était épique ! Ça s'est très bien passé... Le four ne devait pas s'arrêter avec le verre en fusion dedans ! Après la grève on a redémarré avec l'outil de travail complètement préservé. On n'a donc rien eu à nous reprocher. »

« Cela dépendait des directeurs qu'on avait en face de nous. On en avait qui étaient faciles d'autres moins... »

C'était l'époque où l'ouvrier aimait son outil de travail. L'usine c'était son outil de travail.

« C'était une usine où il y avait de grands élans de camaraderie. Chose qu'on n'a pas retrouvée dans les années 2000. Je connais-

---

[22] Effectivement c'est probablement vrai, car j'ai trouvé cela sur un annuaire des cristalleries en France !

sais tous les salariés de l'usine par leur pré-
nom ! De par les diverses fonctions que j'ai
exercées, je voyais tout le monde dans l'usine.
Il y avait une fraternité, il y avait le respect de
la hiérarchie. Mais les dernières années (2000-
2003), il n'y avait plus cette fraternité. Parce
que, sans doute, il y avait beaucoup de jeunes
cadres qui voulaient faire leur carrière et qui
n'en avaient rien à faire de Givors... Cela
alourdissait l'ambiance... Ce n'est pas un re-
proche, c'était toute l'industrie qui était
comme ça. »
La date de son départ en retraite ?
« En 2000. Ce n'était pas ma retraite. C'était
un licenciement déguisé, un accord... En 1998
je me suis mis à mi-temps, on m'a donc enle-
vé du poste de production, et c'est à ce moment-là que je me suis occupé des apprentis.
Là je me suis éclaté, j'ai écrit plein de manuels
de formation, j'étais aussi correcteur pour les
bacs techniques et les CAP. »
Maurice a eu une belle carrière, car il a exercé
trois fonctions très différentes et qui l'ont pas-
sionné...
Nous abordons le problème des maladies professionnelles.
« J'ai vu dans le service que j'ai modernisé
ensuite, des gens qui travaillaient sans aucune
protection. Les gars y allaient à la pelle ! Or on
travaillait avec des produits toxiques : des an-
hydrides arsénieux, du sulfure de baryum, etc.
Quand j'ai automatisé le service, on a mis des
dépoussiéreurs partout, et en fait, il n'y avait
plus personne, car tout était automatisé. Le
plus terrible c'était à la fabrication où il y avait

les traitements à chaud, des acides qu'on balançait pour durcir la surface du verre. »

La question se pose sur l'excellent travail de l'association des anciens verriers : pourquoi se sont-ils mis à cette action seulement après la fermeture de l'usine ? Avant cette fermeture on n'en entendait pas parler. Quand j'avais posé un certain nombre de questions sur la pollution de l'usine, je me suis fait mal voir dans l'usine, certains disaient : « Pelosato veut faire fermer l'usine ! »

« Parce que... je pense que ce sont des maladies qui se sont déclarées vachement tard ! Alors, il y avait l'amiante aussi, il y en avait partout ![23] On ne connaissait que ce produit. Là il y a une faute énorme des directions. Quand les scientifiques ont montré que l'amiante c'était très dangereux ; on a continué à utiliser le produit à l'usine ! Alors qu'il existait d'autres produits, comme la laine de roche qui n'est pas dangereuse. Il y a aussi les produits chimiques qui étaient projetés sur le verre. Bien sûr, il y avait un paravent, une protection, mais il fallait lever les capots quand il y avait un incident. Et là ils en prenaient plein la gueule. Et nous, à la centrale des mélanges, c'était la poussière. C'était de la poussière de carbonate de soude, etc. On n'a pas eu de cas de silicose. Le sable de verrerie c'est du sable de carrière. Il n'est pas concassé, il est sable à l'état naturel. Ce qui fait que le granulat est sphérique. Alors que le sable du charbon dans la mine, ou dans les

---

[23] C'est ce que m'avait dit mon beau-frère Daniel Del Signore

carrières, il est concassé, et donc il est épineux, et il colle aux poumons... »

Et l'arsenic, qui est une pollution qu'on trouve de manière forte dans les sols de l'usine et jusqu'au-delà du Gier, rue du Moulin.

« L'arsenic est utilisé pour décolorer le verre. Il oxyde le fer ferreux en fer ferrique. Les ouvriers le manipulaient à la main, carrément ! »

Ensuite, il est question du regretté Jean-Pierre Bertino[24].

« Jean-Pierre, c'est marrant, quand j'ai pris ce poste de maîtrise, j'ai remplacé Jean-Pierre ! J'étais bien pote avec lui. On faisait une bande, avec beaucoup d'amitié. »

Revenons à l'amiante.

« L'amiante, c'est encore plus dangereux quand elle se délite. À la fusion, quand les gens se protégeaient de la chaleur pour bosser, ils mettaient des plaques d'amiante pour faire écran. Sous l'intense chaleur, cette amiante se délitait. Et comme ce sont des fours de verrerie, ils sont toujours en surpression pour éviter que des impuretés y pénètrent. Les gants étaient en amiante, dans les cagoules il y avait de l'amiante, il y en avait de partout ! »

Le cancer de Christian Cervantès (aujourd'hui décédé de sa maladie) a été reconnu comme maladie professionnelle.

« Lui, il n'a pas été victime de l'amiante. Il était à la fabrication, il conduisait les machines, et il a été victime des effets des pro-

---

[24] Qui se trouve être mon beau-frère puisqu'il a épousé la sœur de mon épouse.

duits chimiques qui étaient aspergés à chaud sur les produits en verre. Des produits qui servaient à augmenter la durée de vie du verre, qui durcissaient la surface des pots, pour éviter le collage des produits alimentaires qu'ils allaient contenir, etc., et il y en avait sur toutes les lignes ! »

En fait, dis-je, la fabrication est beaucoup plus complexe qu'on ne peut se l'imaginer...

« Oui, le process verrier est très complexe. On rajoute tout cela pour que ce soit malléable à une certaine température, tous ces produits qu'on rajoute, carbonate de soude, carbonate de chaux c'est pour rendre le verre plus apte à être travaillé, et ça dépend de l'usage qu'on va en faire. C'est pas pareil si c'est des bouteilles de champagne, des pots, etc. Quand on fabrique des pots à 600 unités à la minute, il faut que le verre soit malléable 90 secondes, quand on fabrique une bouteille de champagne, ce sera pendant une minute... À Rive-de-Gier, ce n'était pas du verre soufflé, mais du verre pressé, donc ce n'était pas encore la même chose. Le process verrier est complexe et surtout difficile à maîtriser... »

On entend toujours parler des « machines ». Comment ça marche ces machines ?

« En verrerie quand on parle d'une machine, c'est ce qui fabrique l'article. C'est la machine qui est sous le four, la goutte de verre tombe dans le moule, dans un premier temps elle est compressée pour faire une ébauche, la machine prend l'objet en fusion et le pose dans un autre moule où là on souffle dedans, pour coller le verre sur les parois, pour faire la forme du corps. Ensuite le verre est refroidi. Tout cela doit durer 90 secondes et ce laps de temps varie selon le verre qu'on emploie. Une pince le saisit, il est rouge, mais déjà dur, et elle le pose sur le tapis roulant qui l'emmène, en général, dans une arche de recuisson. À quoi sert cette recuisson ? Il faut le refroidir doucement pour ne pas qu'il éclate. Recuire, comme on recuit des métaux… Tout cela c'est sur un poste. Des fois il y en a six, des fois il y en a huit, des fois il y en a dix. Ce qui fait qu'on faisait 600 pots de bébé à la minute ! Jean-Pierre, c'était un as là-dedans, puisque c'est le premier en France qui a mis au point la fabrication des petites bouteilles en 'triple gob', c'est-à-dire trois gouttes de verre qui tombent en même temps dans chaque poste ! Et la machine, elle a douze ou seize postes… La goutte est coupée automatiquement par des ciseaux en acier refroidis au lubrifiant, comme le lubrifiant des machines à outils… C'est pour cela qu'on employait beaucoup d'eau et qu'il y a un château d'eau autour de la cheminée du four huit. Cette eau était pompée dans la nappe phréatique du Gier. Tout ce travail se faisait à une vitesse qu'on appelait la cadence de la machine.

Quelle était la fonction de l'ouvrier qui « conduisait la machine » ?

« Il lubrifiait les moules à la main. À la fin, sur certaines machines il y avait le graissage automatique. Quand le gars lubrifiait, ça fumait et cette fumée était très toxique… Et ils n'ont jamais réussi à régler le problème. Il y avait aussi un problème de bruit. Ils avaient obligation de porter le casque et les bouchons d'oreille. La goutte de verre tombe à 1200 de-grés ! Impossible de mettre un masque, car la chaleur était trop intense... »

Maurice, du fait qu'il connaissait tous les ser-vices, guidait souvent les visites d'usine.

« L'ouvrier qui conduisait la machine de fabri-cation, on l'appelait le 'mécano'. Un travail très dur donc, quand vous travaillez huit heures là-dedans, c'est pas marrant... Quand des gens de la famille, des femmes de méca-no, visitaient le site des machines, ils di-saient : 'Ah ! Je comprends que quand il rentre à la maison, il dort devant la télé !'. Ce travail était insoutenable ! Un métier dur, super dur ! Quand la machine marchait bien, qu'il n'y avait pas d'intervention, il y avait les grais-sages, ça pouvait aller. Après, ils avaient des cabines de rétraction, ces cabines climatisées, il y en avait plusieurs par four dans lesquelles ils pouvaient surveiller leur machine de loin. Mais quand ça marchait mal, il fallait rester à côté, régler, changer les moules ; en plus un boulot vachement dangereux ! Quand vous arrêtiez une section, la section de gauche et la section de droite continuaient à marcher et des mains écrabouillées, on en a eu ! Au dé-but, quand j'ai commencé à la verrerie c'était un pilotage mécanique (un peu comme dans les orgues de barbarie), et ensuite, c'était un pilotage électronique, par ordinateur. J'ai vu le passage à l'automatique de tous les services : quand j'étais électricien au choix, j'ai connu l'arrivée des machines de tri et d'emballage complètement automatiques, et à la fusion et à la production, donc, également le pilotage automatique... À la fusion, il y avait partout des calculateurs. »

Quand on sait qu'au début il y avait plus de 1000 personnes qui travaillaient à la verrerie, et qu'il y avait beaucoup d'autres industries : sidérurgie, mécanique générale, briqueteries, tuileries, etc. Givors était une ville vraiment ouvrière. Quand on voit la fameuse photo de la sortie de Five Lille, cette masse d'ouvriers ! Cela me rappelle les sorties d'usine de la sidérurgie dans la vallée de la Fensch où j'ai vécu toute ma jeunesse... Ici, à Givors, il n'y a plus une seule usine ! Elles ont toutes disparu en l'espace de trente ans. La verrerie BSN a été la dernière à fermer.

« Rien qu'à BSN, il y avait dix ou quatorze usines ! Marseille, Béthune, Givors, Veauche, Gironcourt, Boussois, etc.

Pourquoi ont-ils vendu l'usine aux Américains ?

« Souchon-Neuvesel était piloté à Lyon. Ensuite c'était piloté par la famille Riboud, qui avait un lien familial éloigné avec Neuvesel, et quand ils ont fait alliance avec Boussois (pour devenir donc Boussois-Souchon-Neuvesel, BSN), ils avaient déjà un petit peu d'alimentaire : Évian, Kronenbourg, et après c'est devenu Danone avec Riboud. Ça a été vendu après parce que la branche verrerie, c'était tout petit dans le Groupe Danone. Ils ont voulu se débarrasser du verre qui n'était pas rentable. On avait des accords techniques avec Owens Illinois (O.-I. Manufacturing France). Nous on ne faisait que travailler le verre, eux ils construisaient les machines, les fours. Ce sont eux qui nous fournissaient nos machines ! Jean-Pierre [25] allait souvent aux USA pour cela. Jean-Pierre a fait un parcours exemplaire. Quand je l'ai remplacé, il avait un bac de chimie, il est allé au CESI (école d'ingénieur) et après il a grimpé tous les échelons. On était très amis. Il a été agent de laboratoire, agent de maîtrise, ingénieur de fabrication dans des entreprises de plus en plus grandes ; après il était responsable technique France et ensuite au niveau européen, il était basé à Lausanne. Notre plus grand concurrent était Saint-Gobain. À Reims il y avait une usine bouteilles de champagne BSN et une usine Saint-Gobain, à côté, de l'autre côté de la rue et une troisième usine VMC qui faisait des pots industriels comme nous... Ah ! C'était une belle aventure cette verrerie ! Sur les lignes de fabrication, quand les articles sortaient froids, à l'emballage manuel, il y en avait sept ou huit par ligne, et à la fin un ouvrier tout seul conduisait deux lignes... Tout était piloté par les automates et les ordinateurs... » Lucie a raconté quand elle était à la décoration...

« C'était un peu comme une imprimerie, l'article tournait sur un écran qui imprimait l'image sur la bouteille... Ensuite la peinture était cuite comme de la céramique...

« On avait un savoir-faire qui n'était pas ordinaire... Alors, il y avait le S.O.F pour optimiser les postes de travail. Ce n'était pas très bien

---

[25] Jean-Pierre Bertino, époux de Maguy Del Signore sœur de mon épouse.

vu. Le gars quand il s'amenait avec son chrono… C'était des études de postes. Service Organisation Formation. Il était à cheval sur tous les services… Cela a amélioré certaines choses, on savait que le but était de supprimer du personnel… Le poste s'appelait chronométreur. C'était surtout les endroits où on travaillait manuellement, surtout à l'emballage, la partie froide. La verrerie se décompose en service fusion (centrale de composition des matières premières et fours), ensuite, service fabrication, les machines les arches de recuisson et après la partie froide, tri et emballage, enfin, le stockage et l'expédition… Les camions ont pris sur les wagons, car ce dernier arrive à destination à J+3… Le camion, il charge à 6 heures du soir et le lendemain matin il est à destination. Quand je m'occupais de cela, la SNCF me disait, pour faire passer des wagons comme ça il faudrait refaire les tunnels…

« Dans les verreries modernes, tout cela était en ligne. À Givors ce n'était pas du tout le cas, car on avait le terrain qu'on avait ! Et donc, impossible de tout mettre en ligne… »

Pourquoi ont-ils fermé ?

« Ils disaient : c'est Givors, trop de grèves trop de manifestations, la mairie communiste, la taxe professionnelle élevée, etc. Après quand on s'est allié à VMC (Verreries Mécaniques Champenoises, après ça voulait dire Verre Mouvement Création, et après ça ne voulait plus rien dire…) cela faisait une grosse concurrence, car ils faisaient la même chose que nous, il y avait une très mauvaise ambiance... D'ailleurs l'autre VMC a fermé après nous. Nos fabrications ont été transférées à Puy-Guillaume... Tout y est passé comme prétextes : trop vieux, trop enclavé, etc. C'était vrai qu'on faisait plus grève qu'ailleurs.

À Givors tout le personnel (ou presque) était du personnel ouvrier, dans les autres boîtes c'était des agriculteurs qui travaillaient à l'usine. À BSN, c'était une majorité d'immigrés... C'était dur comme travail !

« Les dernières années c'était vraiment une très mauvaise ambiance avec l'autre usine VMC... Elles ont fermé toutes les deux ! »

Une anecdote à propos de la cheminée.

« À 28 mètres, autour de la cheminée il y a le château d'eau. Un jour mon chef m'a demandé de monter là-haut l'inspecter. Je n'en menais pas large, il n'y avait pas de garde-fou ! Mon premier bureau quand j'ai commencé était au pied de la cheminée. D'ailleurs c'était le bureau de Jean-Pierre que j'avais remplacé. C'est pour ça que cette cheminée, pour la démolir, ce n'est pas simple ! Le tube en acier ce n'est pas seulement un embout, il va jusqu'en bas, il a été posé par un hélicoptère. La cheminée faisait quarante et quelques mètres, là elle doit faire cinquante et quelques...

Comment sont chauffés les fours ?

« De deux façons. On n'avait pas de four électrique. Il y en avait un à Rive-de-Gier. Soit on chauffe au gaz naturel. Soit on chauffe au fuel. Le fuel, il faut le pulvériser pour l'enflammer. On le pulvérisait avec le gaz... La conduite du brûleur au fuel est un peu plus compliquée que le brûleur au gaz... Le four 7 (petite cheminée bleue) était chauffé au gaz, le four 8 au gaz et au fuel… Le four 7 servait deux ou trois machines, le four 8 servait 5 machines. Le four 8 c'était un 100 mètres carré et le four 7 environ 50 mètres carrés.

« De par mon parcours professionnel, j'ai eu affaire à tous les services.

« En 1963 je suis entré au service entretien. Il n'y avait alors aucun automate dans l'usine.

« En 1970, j'étais à la centrale de composition où on mélangeait, composait la matière première qui rentre dans le four. Chaque matière première a un rôle tout à fait précis. Lorsque je fus affecté à ce poste, j'ai dû apprendre la chimie. Puis je suis devenu professeur de chimie pour former le personnel. Je me suis formé aux techniques de l'automate et à l'institut du verre à Paris, jusqu'à la maîtrise et à l'ingénieur, et j'étais formé aussi à la conduite des grands fours industriels. J'étais adjoint à l'ingénieur. J'avais même écrit un manuel pour le personnel. »

En moyenne, les salaires chez BSN, étaient 25 % plus élevés que dans les autres usines.

« La durée du travail qui était :
4x8 :
2 matins, 2 après-midi, 2 nuits, 2 j repos
puis ensuite les
5x8 :
1 matin, 2 après-midi, 2 nuits, 3 ou 4 j de repos
2 matins, 1 après-midi, 2 nuits, 3 ou 4j de repos
2 matins, 2 après-midi, 1 nuit, 3 ou 4j de repos »

Louis Berti
Né le 22 décembre 1938

Entré à l'usine de Givors (Souchon-Neuvesel) le 1er juin 1961 et sorti le 1er septembre 1967. Il s'est marié en 1960 avec Lucienne Blanchard, alors secrétaire de Jean-Dominique Moulin, directeur de l'usine, qui est venu au mariage avec deux autres personnes...

« Il m'a dit : 'bon, quand vous sortez de l'armée, venez donc me voir.' Je suis rentré de l'armée, je suis allé le voir. C'était sur Givors, plutôt que Rive-de-Gier où je travaillais, et où j'avais commencé à travailler en 1956, dans une entreprise de métallurgie. On faisait, entre autres, des tubes étirés sans soudure, des obus, des bouteilles d'oxygène et d'acétylène, étirés aussi sans soudure, des éviers en acier inoxydable, tout un tas de choses... Donc quand je suis allé voir Mr Moulin, il m'a dit : 'bienvenue parmi nous... je vais vous mettre dans les mains de Legallo' qui était ingénieur de fabrication à l'époque. J'étais dessinateur à l'époque. Quand j'ai commencé à Rive-de-Gier, j'étais dessinateur. Legallo me fait visiter l'usine et il me dit : 'on voudrait vous mettre en fabrication, mais pour commencer on va vous faire faire une formation, il faut savoir comment répartir le verre dans les bouteilles et dans les pots et on va vous mettre dans la moulerie. Au bureau d'études moules qui était dirigé par Armand Trainard, il y avait Germaine Batailler, sa secrétaire, Abel Chanal qui montait les dossiers de montée en fabrication, en études il y avait Diego Perez, Ricci qui venait de Rive-de-Gier, Louis Liautard. À l'époque, Givors faisait du flaconnage. Je suis resté au bureau d'études pendant deux ans. Ensuite j'ai organisé la moulerie, parce qu'il y avait le bureau d'études moules, l'entretien moules où il y avait Ferdinand Murion et puis la préparation-contrôle des moules, il y avait Taupenot. Ils ont voulu mettre tout cela en un seul bloc, ce que j'ai fait. Entre temps il y a eu un transfert de production, Masnières faisait des pots (en 1963-64). On a récupéré les pots et des flacons, pas beaucoup de flacons, mais Givors faisait des flacons et très peu de pots. Ils ont mis les pots sur Givors et transféré les flacons sur Paris. On a fait les transferts de moulerie et il a fallu revoir les moules. Ce fut un travail assez important. Il a fallu réétudier un certain nombre de moules, car la façon de travailler n'était pas la même. Ce qui fait qu'il y a eu un chambardement assez important. En 1964 on a déménagé. On était en face du décor[26], on nous a rapprochés de la fabrication, et j'ai été chargé de l'aménagement, l'organisation de tout cela. Dans un ancien bâtiment qui était juste en face de la porte d'entrée, au premier étage. »

Louis Berti était le chef du département 11[27] (D11).

« À l'époque, quand je suis rentré, il n'y avait plus que deux fours, le 7 et le 8. Les autres ont été arrêtés peu de temps avant que j'entre à l'usine. Enfin, disons, pour être sûr, qu'ils ont été arrêtés en 1962... Pendant la période 1961-1967, l'implantation des machines a été un peu modernisée. Pendant cette période, on tournait avec d'anciennes machines LYNCH, simple et double gob[28], à double plateau avec une croix de Malte pour assurer le mouvement des plateaux qui portent les moules ébaucheur et finisseur. C'est dans une de ces machines que Grimaldi s'est fait brûler le visage. C'était la machine L10, parce qu'il y avait dix positions de moules, dix ébaucheurs, dix finisseurs. Les plateaux, qui portent les moules, l'ébaucheur et le finisseur, ont des mouvements alternatifs : un plateau accélère, il s'arrête, etc. Il y a un transfert entre les deux plateaux, l'ébaucheur et le finisseur. On fait

---

[26] Le service qui décorait les flacons...
[27] Voir à la fin du chapitre « Xavier Del Signore » la signification des numéros se département...
[28] Gob, goutte ou paraison, c'est comme vous voulez...

donc une ébauche, ensuite cette ébauche est tenue par la bague, posée sur le finisseur qui est en face, l'ébaucheur s'ouvre, le finisseur vient à l'intérieur prendre l'ébauche, le moule de bague qui tenait l'ébauche s'ouvre, et la bague se repose sur le finisseur. Ensuite, le plateau refait un mouvement, s'arrête de nouveau, la cloche de gonflage descend, le gonflage se fait, ensuite, deux ou trois stations de gonflage, et la cloche se retire avant l'ouverture du moule finisseur dans lequel les pinces prennent la bouteille et la mettent sur le tapis transporteur. Tapis rapide qui va au recuit, qui passe ensuite au tapis lent. Avant les tapis roulants, il y avait des ouvriers qui prenaient les bouteilles et les mettaient dans l'arche.

« Ensuite, il y a eu la machine ROIRANT. Une machine belge. On travaillait en simple gob essentiellement. Givors était la seule usine qui faisait du verre blanc, qui était nécessaire pour les alcools et les bouteilles relativement onéreuses... On avait donc gardé des machines pour faire des bouteilles. Cette machine, au lieu d'être deux plateaux horizontaux, c'est une machine en un seul bloc avec les ébaucheurs au-dessus et les finisseurs en dessous. Au lieu de faire un transfert horizontal, on fait un transfert à la verticale. La particularité c'est qu'il y a une aspiration. À un moment, on aspire le verre.

« Enfin, l'autre machine est donc la machine I.S.[29] (Individual Section). On faisait du simple

---

[29] Voir les illustrations en fin de chapitre

gob soufflé, du pressé, du pressé soufflé, du soufflé pressé... Ensuite on faisait le procédé P41, spécifique aux pots, des pots qui ne sont pas très épaulés, qui sont plutôt cylindriques. La bague ne doit pas être trop forte par rapport au diamètre du corps. Au lieu d'avoir des moules qui s'ouvrent, c'est un entonnoir. La paraison tombe dedans et il y a un fond ébaucheur qui vient dessus. On gagne en mouvement. Dans la machine I.S. il y a différents entraxes. Les premières machines étaient de machines d'entraxe 3 pouces 5/8, ensuite on est passé aux 4 pouces 1/4, ensuite aux 5 pouces, 5 pouces 1/2 jusqu'aux 6 pouces 1/4. L'entraxe c'est la distance entre les deux moules.

« Le nuage de fumée, quand on le fait c'est qu'on travaille mal. Le graissage doit être fait le plus précisément possible à l'emplacement nécessaire au non-collage du verre. Parce que le verre colle à la fonte, c'est une fonte lamellaire qui a la grande capacité d'échanger rapidement la chaleur, ce sont les lamelles de carbone qui conduisent la chaleur à l'extérieur. Par contre ça colle, c'est pourquoi on y met un film de graphite qui est mis en suspension dans des résines (cleen mold 170) et il faut en mettre juste à l'endroit où on en a besoin. Si vous en mettez trop, vous encrassez le moule, parce que s'il est trop sale il ne conduit plus la chaleur. Cette résine se durcit, colle au moule et évite au verre de coller. Mais faut pas en mettre trop. Quand vous respirez ça, c'est pas bon pour les poumons, de plus il ne fallait pas fumer... On utilisait l'amiante pour les pinces et les râteaux...

« Ensuite j'ai quitté Givors. Toujours dans le groupe...

« En réalité, Givors aurait dû garder au moins un si ce n'est pas deux fours...

Louis Berti nous parle de la cristallerie Gramont, parce que sa sœur et son beau-frère y ont travaillé. Ils fabriquaient des ampoules pour la télévision.

« C'était des fours à pot. C'est un four dans lequel il y a un pot dans lequel on met les ingrédients pour fondre le verre. Et on cueille ce dernier avec une canne[30].

Quand la machine est passée de l'automatisme mécanique au mécanisme électronique ?

« La machine avec tambour mécanique fonctionnait avec des boutons qui soulevaient des linguets, qui, eux-mêmes, soulevaient une soupape pour laisser entrer ou couper l'air. Dans les années, disons 1979, il y eut une commande électronique avec un petit ordinateur par section qui remplaçait le tambour mécanique. Ce tambour électronique se nommait SOC-BOX, ce qui veut dire 'boîte de commande', petits ordinateurs déportés nommés ISC, commandés par un 'chef' ordinateur nommé MSC... Ensuite ces SOC-BOX ont été remplacés aux alentours de 1984 par le COM-SOC : l'ordinateur de section, au lieu d'être déporté, a été placé directement sur la ma-

---

[30] C'est ce que faisait Antoine Del Signore à la verrerie de la Freydière vraisemblablement...

chine. » Voir figures pages suivantes et d'autres spécifications techniques en annexe de ce livre, aimablement fournies par Louis Berti.

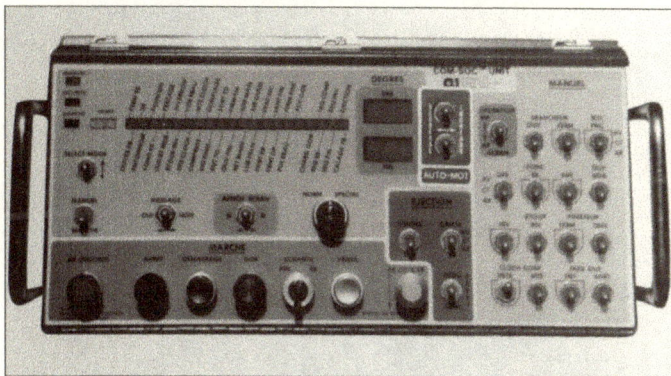

Et voici le COM-SOC

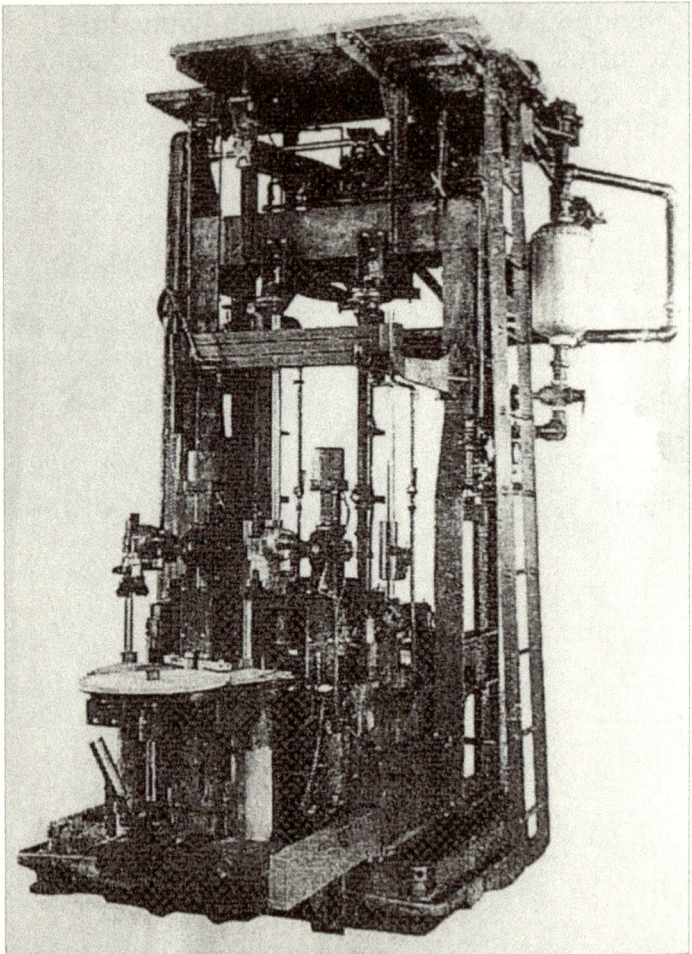

The first 2-section IS machine, built in 1924.

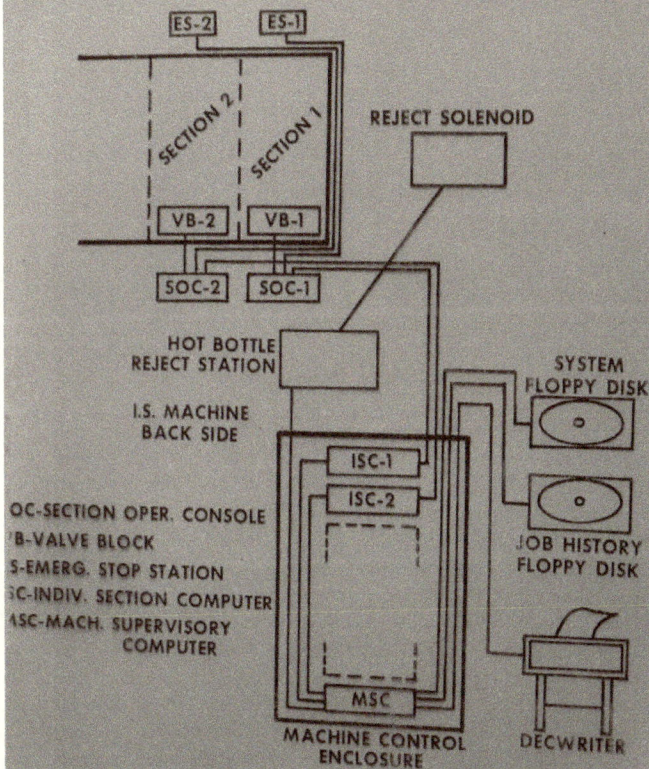

ELECTRONIC I.S. MACHINE CONTROL-SCHEMATIC

ES-2 ES-1

SECTION 2
SECTION 1

REJECT SOLENOID

VB-2 VB-1

SOC-2 SOC-1

HOT BOTTLE
REJECT STATION

I.S. MACHINE
BACK SIDE

OC-SECTION OPER. CONSOLE
B-VALVE BLOCK
S-EMERG. STOP STATION
C-INDIV. SECTION COMPUTER
SC-MACH. SUPERVISORY
COMPUTER

SYSTEM
FLOPPY DISK

ISC-1

ISC-2

JOB HISTORY
FLOPPY DISK

MSC

MACHINE CONTROL
ENCLOSURE

DECWRITER

FIGURE 1-1

Tout sur la fabrication du verre creux ici :
http://www.verreonline.fr/v_creu/fabr_vc4.php
Le site : http://www.verreonline.fr/

Réception à l'usine pour un départ à la retraite

Lucie Del Signore

Née le 05 juillet 1934.

Est entrée à l'usine en 1954, donc à l'âge de 20 ans. Elle a commencé à y travailler à l'expédition des bouteilles, à l'époque la verrerie fabriquait des bouteilles.

Ses parents et grands-parents, de nationalité italienne, travaillaient à la verrerie. La famille vivait au 18 rue de Montrond, logée par l'entreprise Souchon-Neuvesel.

« On est tous nés là-bas », dit-elle.

Ses parents ont eu onze enfants, dont deux sont décédés en bas âge. Elle a donc huit frères et sœurs, dont trois ont travaillé à la verrerie, ainsi qu'un beau-frère (mari d'une de ses sœurs) et une belle-sœur (épouse d'un de ses frères).

Le destin de la famille a toujours été lié à celui de l'usine.

Le grand-père Checchini (le père de sa mère) travaillait déjà à la verrerie. Son père Antoine a été naturalisé en 1938. Sa mère, Maria-Antonia-Giovanina Checchini, a aussi travaillé à l'usine jusqu'à la naissance de Lucie (1934), qui était la quatrième de la fratrie.

Tous les Italiens de l'usine avaient été rapatriés à Givors pour y travailler dans les années 1930. Le transport se faisait par camion, organisé par Souchon-Neuvesel. Ils venaient tous de Pontecorvo. Actuellement, c'est une commune italienne d'environ 13 300 habitants, située dans la province de Frosinone, dans la région Latium, en Italie centrale.

Ses oncles, Vincent et Antoine Checchini, travaillaient également à l'usine. Lucie a été sous les ordres de son oncle Vincent qui est ensuite allé travailler à Five-Lille, usine métallurgique également fermée aujourd'hui, bien qu'il reste encore les bureaux à Givors.

« Mon oncle Antoine, je l'ai eu sous mes ordres...

« Mon père et ma mère étaient du même village, mais ma mère était à Paris, et mon père était à Lyon avec sa famille... Je ne sais pas comment ils se sont rencontrés...

En 1954, donc, la direction de l'usine a créé un nouveau service : un atelier de décoration. Lucie avait travaillé auparavant pour faire des ménages chez madame Montalan. Elle travaillait également chez Armand, le marchand de journaux rue Salengro où monsieur Montalan achetait son journal. Il la connaissait donc et l'a embauchée. «Vous avez une jolie jeune fille», a-t-il dit à son père.

« Les propriétaires de l'usine étaient très paternalistes. Par exemple tu avais intérêt à faire faire la communion à tes enfants. Quoique mes parents l'ont fait même sans cette obligation. Ils payaient une prime, ils achetaient des chaussures, pas à tout le monde, mais à certaines personnes. Ils payaient l'école libre à ceux qui y envoyaient leurs enfants. Mon père n'a jamais voulu. Il disait : 'l'école de la République !'

- Il était déjà communiste.

– Oh... communiste, n'exagérons rien... Il ne savait pas lire, donc... c'est vrai que mon père était pour la classe ouvrière, pour le partage. D'ailleurs il ne se laissait pas faire à l'usine. Il voulait toujours être mécano, il n'a jamais pu avoir son poste de mécano parce qu'il la ramenait trop. Il était choisisseur.

– Qu'est-ce que ça veut dire 'choisisseur'?

– Il y avait des tapis roulants qui amenaient des bouteilles qu'il prenait et il les mettait en carton...

– Il n'a pas soufflé le verre? Demande sa sœur cadette.

– Non, jamais. Il était cueilleur. C'était l'époque où ils soufflaient le verre. Il prenait avec la canne la grosse goutte de verre fondu qu'il avait formée et il la transmettait au porteur. Ils étaient nus sous une grande chemise à cause de la chaleur. Ils faisaient des bonbonnes. Les enfants italiens qui travaillaient c'était au four de la Freydière. »

C'était au siècle précédent et au début du vingtième...

Mais revenons à l'entrée dans le nouveau service de l'atelier de création où l'on décorait les bouteilles. Elles étaient trois au départ, Lucie, Hélène Di Murro et Élise Caïra. Au moment où cet emploi a été proposé à Lucie, elle venait de faire une formation pour être directrice de maison d'enfants. Elle attendait un poste... En même temps, monsieur Motinot qui tenait un magasin d'électroménager voulait l'embaucher ! Finalement elle a accepté d'entrer à BSN en se disant : « En attendant la création de la maison d'enfants... Mais finalement je suis restée toute ma carrière là-bas... »

Que faisaient-elles dans cet atelier de création ?

« On avait appris à décorer [31] les bouteilles. C'était mécanique, ce n'était pas manuel. Les premières bouteilles qu'on a décorées à Givors, c'était les limonades Viva. C'était de la peinture verte ! On faisait la bouteille de bière, etc. C'était l'époque où l'usine produisait des bouteilles. Après on a arrêté les bouteilles, on ne faisait que les pots ensuite... Je ne sais plus à quelle époque on a arrêté...

— Tu as travaillé là combien de temps ?

— Deux ans et demi. J'étais déléguée. Les délégués de l'époque à l'usine étaient Michel Drevet, Francis Rosa... Ils étaient venus me

---

[31] Ce procédé, semble-t-il, est un procédé par sérigraphie : des émaux céramiques sont déposés à travers un écran de soie (jusqu'à 7 couleurs avec les dernières installations industrielles).

trouver pour être déléguée. J'avais refusé au départ. »

– Ah bon ?

– Je me souviens, à l'époque j'étais à la JOC (jeunesse ouvrière chrétienne) et on avait fait un voyage au Pilat ; le père Trouillet m'avait fait remarquer que j'étais soucieuse... Je lui avais raconté que j'étais sollicitée pour être déléguée et il m'avait convaincue avec ses arguments du genre 'c'est Dieu qui t'a sollici-tée', etc. J'ai donc accepté. J'ai été aussi au CHS. J'étais pas facile. Par exemple, un jour quelqu'un a dit 'elle n'est pas là la panthère noire ?' en parlant de moi... Au départ, on était trois et on s'est retrouvé une quinzaine... »

– Il y avait une bonne ambiance ?

– Oui. On chantait au boulot et le père Monta-lan nous entendait et disait : 'Ah ! les filles chantent, le temps va changer'...

– Vous les peigniez à la main ces bouteilles ?

– Non... C'était une machine qui imprimait le dessin sur la bouteille. Un tapis roulant ame-nait les bouteilles non imprimées sur cet 'écran' qui s'appliquait sur elles pour imprimer et elles repartaient... Elles provenaient d'une machine qui les lavait automatiquement. Notre travail consistait à attraper la bouteille qui ar-rivait pour se faire imprimer, la mettre en place sur l'appareil qui le faisait, la reprendre une fois imprimée et la poser sur le tapis rou-lant qui l'évacuait. On en faisait 32 à la minute soit près de deux par seconde ! Pour moi ça n'allait pas assez vite et je faisais accélérer la machine. Les régleurs n'étaient pas contents...

C'est pour ça que j'ai les mains toutes cassées (dit-elle en montrant ses mains...) »

Lucie est restée dans ce service deux ans et demi.

« Quand j'étais déléguée, je leur ai fait avoir deux blouses par an. Pour celles qui étaient devant le four à sécher les bouteilles, j'avais fait mettre un cache pour les protéger de la chaleur. Comme j'étais souvent en réunion, j'étais au syndicat CGT[32], je me le suis fait reprocher par une collègue et j'ai arrêté... »

« En sortant à 20 heures (elle faisait les deux-huit), on prenait une douche pour enlever les odeurs des peintures... »

Après elle est allée au bureau, au service expédition, elle faisait les bons de transport, elle calculait la prime des employés...

« Il y avait quelques cartons de bouteilles, mais la plupart c'était des bouteilles en vrac qui partaient en wagon de chemin de fer.

« Ils mettaient une couche de paille, une couche de bouteille, une autre couche de paille, etc. C'est ce que ma mère faisait... Mais pas en même temps que moi, car elle s'était arrêtée de travailler quand je suis née[33], ce qui a entraîné le fait que je devais travailler pour compenser. Après, ils faisaient des paquets de bouteilles de 18 à la main. Bien plus tard, ensuite, c'étaient des machines et elles mettaient tout sur palette. C'était tout automatique. »

---

[32] Il y avait aussi FO...
[33] Rappelons qu'elle est la quatrième de la fratrie.

Jusqu'en 1962, elle est restée au service administratif expédition.

« Quand le chef arrivait à la bourre, c'est moi qui mettais les gars en chantier. Si bien que lorsqu'il y a eu un poste de disponible, Bazin me fait appeler avec Chapoutot, le chef du personnel et me dit qu'il allait me donner le poste de chef de service qui était décédé. Chef pour les expéditions et de la décoration... On était trois, il y avait Jean Mouton et Benoît Janoray. Après un certain temps, j'utilisais un vélo, car les quais étaient très longs... »

Quelle a été l'évolution des constructions à l'usine ?

« Quand j'ai été aux expéditions, on venait d'avoir un quai au service décoration, ensuite ils ont fait tous les autres quais. Avant on n'en avait que deux petits où on ne pouvait mettre que deux camions... Et puis ils ont fait tous les magasins, ça n'existait pas tous ces magasins de stockage des produits finis... Le sable arrivait avec le train. Ensuite, avant ça c'était à la brouette, et ensuite c'était tout automatique... »

Et combien de fours, et quelle évolution ?

« Il y avait le four 6, le four 7 et le four 8. Il y avait eu le four 3 et le four 4 à la Freydière. Après le four 6 a disparu quand on a fait que les pots, et il ne restait que les fours 7 et 8. C'est là qu'ils ont modifié les machines qui font l'objet en verre, qui recueillent la goutte de verre fondu qui tombe du four dans le moule. C'était passé à double 'gobs[34]' et puis triple 'gobs'. Ils faisaient trois pots en même temps ! Il y avait un rapport sur la rentabilité de la production tous les matins... Au début ils chauffaient les fours au charbon, puis ensuite au fuel. »

Elle ajoute, alors qu'elle habitait en face de l'usine, rue du Moulin : « Le jour où l'usine s'est arrêtée, il n'y avait plus le bruit de l'usine, plus de fumée à la cheminée ! Tous mes collègues de la rue du Moulin sont morts désormais ! »

Souvenir pour terminer : « Quand je devais aller en fabrication, j'appréhendais ce bruit intense des machines ! »

Le travail des ouvriers était chronométré par des agents du SOF, le service qui s'occupait de la productivité.

« Les délégués CGT n'étaient pas contents ! »

Lucie aimait son travail à l'usine. « J'allais travailler en chantant ! » Assure-t-elle. « Je fumais beaucoup. Je fumais sur les quais, mon boulot était de surveiller le chargement des wagons. J'étais gênée de fumer et je m'étais cachée dans un wagon. C'est alors que le directeur, Mr Rebel est entré et m'a dit : 'alors Lucie, on a sorti son tampon ?' »

Quel était l'effectif du personnel de l'usine ?

« En 1954, l'année de mon entrée à l'usine, nous étions 1100 personnes à y travailler, en 2003, année de la fermeture, il y en avait plus que 300... »

---

[34] On utilise aussi les termes « paraison » et « goutte de verre »...

Autre anecdote de vie : « le moulin Moiroud (aujourd'hui centre culturel Madiba) produisait de la farine. Les verriers qui avaient un jardin et élevaient des volailles [35] allaient s'approvisionner en son. »

L'autoroute A47 a été construite sur le canal. Je ne sais pas si ce fut une bonne décision de laisser ainsi cette voie, où passent aujourd'hui cent mille véhicules par jour, couper Givors en deux. Voir ci-dessus la pollution apportée par cette circulation. Au bord de ce canal, il y avait un jeu de boules. « Une fois l'an, il y avait la fête du quartier[36] à la 'Boule en verre'. Les gens s'accoudaient sur le pont[37] pour regarder les boulistes… »[38]

---

[35] Il y avait de nombreux jardins ouvriers rue du Moulin par exemple…
[36] Le quartier de Montrond
[37] Le pont de Montrond.
[38] Témoignage de Maguy Bertino, née Del Signore

Raymond Drevon
Né le 12 mars 1937

« Ce qu'il m'est arrivé, c'est un peu comme ce qu'avait dit Macron : j'étais à Five Lille, j'ai traversé la rue et je suis rentré à la verrerie. C'était en 1964, je crois, si mes souvenirs sont bons. J'ai commencé dans l'électromécanique. Ensuite ils ont voulu créer un poste d'animateur sécurité. Du fait que j'avais tous mes diplômes de secouristes, on m'a demandé d'exercer cette fonction. Au bout de quatre-cinq ans je suis allé à la production (tri, sélec-tion, choix, emballage) où je secondais le chef du secteur, on appelait ça le département. À tout moment on était sollicité quand il y avait une panne pour « remettre de l'ordre dans la baraque ». De temps en temps il y avait des petits mouvements d'humeur, de grève... BSN était renommée pour ça... Il y en a qui s'en chargeaient bien. »

L'ambiance était bonne ?

« Ah, moi je n'avais pas de problème avec le relationnel. Le relationnel et la formation des débutants et des ouvriers en contrats à durée déterminée. Les articles fabriqués passent dans un four à recuire pour arriver au secteur trois (emballage) refroidis...

« Le tri consistait à retirer les articles défectueux. Au début c'était tout à la main et plus tard tout était automatisé avec des machines américaines. C'est le client qui demandait l'emballage, soit sur palette, soit dans des cartons de douze, ou six. Au départ c'était manuel et ensuite automatique. L'automatisation de la sélection a été réalisée dans les années 66. À l'époque où la raffinerie de Feyzin a explosé ! Je suis resté là jusqu'en 1993. On m'a licencié dans de bonnes conditions : un départ négocié, jusqu'à la retraite en 1997. Ça m'a arrangé, car mon épouse avait un cancer et ça me permettait de rester avec elle ; de plus, l'ambiance à l'usine était exécrable. On disait : 'au boulot on venait en chantant, maintenant on chante quand on s'en va', tellement l'ambiance devenait nauséabonde. Il y a des tas de gars qui venaient avec des serviettes sous le bras qui ne connaissaient rien du tout, qui avaient pour mission de supprimer du personnel...

« Comme animateur sécurité, ça impliquait d'aller partout : dans les vapeurs d'huiles, dans le bruit assourdissant (il y avait un nombre très élevé de décibels...). Il fallait faire chuter le nombre d'accidents du travail. Quand je suis rentré à la verrerie (1964) les ouvriers étaient chaussés avec des espadrilles. Il y avait plus de coupures aux pieds que de coupures aux mains. J'ai donc lancé l'opération : chaussures de sécurité pour tout le monde. Après, cela a consisté, petit à petit, à voir avec les ouvriers comment les protéger contre la chaleur, des brûlures. Au départ, ils avaient des gants à base d'amiante. Les vendeurs d'équipements de sécurité ne manquaient pas. On voyait avec les fournisseurs pour des gants souples résistants à la chaleur. On a essayé des masques pour filtrer la fumée (mais ça n'a pas marché), des protections contre le bruit pour les oreilles ; mettre des réducteurs de bruit sur les moules pour réduire les bruits du sifflement de l'air comprimé. Il fallait convaincre... Tout ce que j'ai fait, je pense que je suis arrivé au summum comme autodidacte. J'ai suivi toutes les formations nécessaires. En ce qui concerne l'amiante. Il y en avait sur les barres qui repoussaient le verre dans le four à recuire. Après, l'amiante a été remplacée par la laine de verre. Une fois sorti de l'usine j'ai coupé les ponts avec l'association des anciens verriers. L'origine des maladies professionnelles ne se réduit pas seulement à une cause, mais à plusieurs, c'est un tout. Syndicalement, de par ma fonction, j'étais d'office au CHSCT et à la sécurité sociale je participais au conseil technique de prévention. C'est là où on matraque les employeurs qui sont en faute. Il y avait les visites de l'inspecteur incendie et l'inspecteur du travail. À l'inspection du travail, j'ai retrouvé des gars qui avaient travaillé à Five... J'étais au syndicat des agents de maîtrise.

« On a réussi à faire baisser les accidents du travail de 50 % en six ans... Comme les gars étaient payés au rendement, de temps en temps ils faisaient des bêtises. Il y a eu un accident grave où le gars s'est retrouvé sous l'écoulement du verre fondu ! On était arrivé à produire 500 pots de yaourt à la minute.

« Les Incas savaient déjà faire du verre ! J'ai écrit un livre sur l'histoire du verre. Je l'avais donné aux cadres et je ne l'ai jamais revu !

« Il était interdit de faire des photos[39], mais quand les Japonais venaient faire des visites, ils photographiaient avec des appareils ultras modernes. On sait qu'il y avait des enfants qui travaillaient dans les verreries autrefois. Quand ce fut interdit, ils continuaient et cachaient les enfants verriers dans la paille. »

Raymond m'explique les horaires de travail, ce que nous avons vu avec Maurice (voir ci-dessus).

« Dès que Boussois est venu, il a fallu être vigilant pour les conditions de travail. Alors qu'au début, il y avait une très bonne ambiance à la verrerie.

---

[39] D'où les difficultés d'avoir des photos de la production...

« Il y a eu des démolitions et des reconstructions de four. Ils sont prévus pour un certain nombre d'années, le niveau de verre est toujours à la même hauteur, ça abîme les briques. Quand on refait le four, il faut que le verre s'écoule dehors. Il fallait donc injecter de l'eau sous pression dans le four contenant le verre fondu pour le former en petites billes. Tout cela refroidissait le four pour le réparer. Et une fois le four réparé, on récupérait ce verre comme matière première, comme il avait déjà été fondu, il fondait plus rapidement que la matière première (sable et adjuvants). Cela faisait un gain d'énergie. Les gens de l'usine ou du groupe BSN ou des entreprises extérieures réalisaient ces travaux dirigés par la maîtrise et l'encadrement de l'usine de Givors. »

Quelle taille ces fours ?

« La taille de ma maison : 90 mètres carrés pour le four 8.

« Quand je fus à la retraite, ils m'ont demandé de servir de guide pour les visites d'usine, ce qui m'a permis de bien me rappeler de tout. J'ai même fait des exposés aux enfants de l'école Langevin. Où j'avais plus de problèmes, c'est quand je faisais visiter les collèges et les lycées. Il fallait leur courir après. Souvent j'étais appelé pendant mes jours de repos et de congés quand il y avait des pannes. On ne me payait pas mes heures, je les récupérais. Et deux fois l'an, on faisait le service du week-end. Comme ça tournait tout seul, on n'avait pas grand-chose à faire le week-end. Le dimanche, cela permettait d'avoir des contacts en dehors de la hiérarchie, plus décontractés.

« J'ai commencé à Five à l'âge de 16 ans, avec une interruption de 30 mois pour le service militaire en Algérie... Il y avait déjà des problèmes d'emploi chez Five dans ces années ! Quand vous voyez dans l'usine que l'on commence à rénover en profondeur la machine-outil ou l'installation, vous pouvez dire qu'il va y avoir suppression d'emploi. Quand je suis revenu de la guerre d'Algérie, ils m'ont repris à Five et m'ont envoyé six mois en Guinée pour former les Africains en mécanique pour Péchiney... On était partis pour trois semaines et on est restés six mois. »

Je pose la question : vous avez vu qu'ils veulent que la cheminée soit classée monument historique ?

« Ils iront remettre les briques quand elles se seront cassé la gueule... Il y a eu une époque où elles tombaient les briques et sur certaines voitures garées en bas... On se servait de l'eau du château d'eau quand on arrêtait le four. »

À propos de Joannès Eydan.

« Au début, le service achat était dédié à une usine, et puis, ensuite, il y avait un seul service pour toutes les usines. C'était très agréable de travailler avec Eydan... »

Daniel Del Signore
Né le 10 mars 1945

« Pendant deux ans j'ai travaillé à l'usine pendant les vacances quand je faisais mes études. À l'ajustage la première année et au tour pour la réparation des moules. Je suis entré à l'usine en 1962. »

« J'ai commencé au tour. Je réparais les moules, et aussi parfois, on faisait une pièce nouvelle.

« Ces moules sont en deux parties. Et il y avait le moule ébaucheur et le moule finisseur.

« Le moule est en deux parties, partagé par le milieu, il y avait le fond qui moulait le fond de la bouteille, et le haut qui faisait le col de la bouteille. Tout cela s'assemblait et il y avait la *paraison*[40] qui tombait, le moule se fermait,

---

[40] La **paraison** est en verrerie une masse calibrée de verre en fusion destinée à être mise en forme, on l'appelle aussi « gob » ou tout simplement « goutte de verre ».

c'était soufflé dans le moule assemblé, ça pla-
quait le verre fondu contre les parois du
moule, puis il s'ouvrait... C'était un assemblage
de pièces pour former le moule...

« Il y avait donc d'abord l'ébaucheur, et ensuite, il y avait la finition, un autre moule, le
finisseur, et quand la bouteille était faite elle
partait sur un tapis vers le four pour recuire le
verre, pour durcir le verre.

« Les moules neufs étaient achetés à
l'extérieur. À l'usine on ne faisait que la réparation des moules. Il est arrivé qu'on en fabrique, mais ce ne fut pas courant.

« Ce qu'on appelait les *accessoires*, c'était une
pièce qui permettait de faire le pot ou la bouteille.

« J'ai fait ça pendant trente ans. On travaillait
avec une grande précision, aux deux cen-
tièmes de millimètre... Enfin, parfois même
avec deux dixièmes, ça faisait quand même
des bouteilles. On avait des tours traditionnels
avec reproducteur. On travaillait en jouant sur
le jeu...

« Il y avait tout le temps du boulot. Tu arrivais
le matin à quatre heures et à quatre heures
deux minutes tu étais au boulot... Obligé !

« On faisait les deux-huit, mais on était soumis aux astreintes quand on ne travaillait pas.
Et on était souvent appelés pour ces répara-
tions des moules.

« Nos ateliers étaient à l'écart de la chaîne de
production. Il y avait les ateliers des ajusteurs, des tourneurs, des fraiseurs... il y avait
le département 12 qui était avec nous, ils
s'occupaient de l'outillage du four, quand il y

avait une panne c'est eux qui intervenaient. Tout cela était bien séparé. Les fraiseurs faisaient des rainures pour le passage de l'air, ils faisaient des joints, pas mal de choses.

« On faisait quatre heures d'astreinte certains week-ends, on avait un appareil qui leur permettait de nous appeler s'il y avait une réparation urgente à faire[41]...

« On travaillait aussi l'amiante, pour faire des petites pinces... Ces pinces servaient à saisir la bouteille sans l'abîmer... Au four, il y avait aussi des bras métalliques avec de l'amiante pour pousser les bouteilles... L'amiante protégeait les pièces de verre pour qu'elles ne soient pas abîmées...

« Au début, on s'est battu pour obtenir une ventilation. Avant, quand on finissait la journée, on sortait, on était tout noir. On a obtenu d'installer des ventilations à chaque tour. On a mis un moment pour obtenir ça ! On travaillait avec des lunettes...

« Sincèrement, à part la poussière de fonte, on n'a pas connu de maladies professionnelles... On ne travaillait pas l'amiante en continu, c'était occasionnel... »

L'ambiance à l'usine était toujours excellente. Daniel confirme les autres témoignages sur ce point.

« On avait de bons casse-croûtes. On travaillait en binôme, il fallait faire confiance à celui qui travaillait avec toi... Avec mon collègue, on ne se laissait pas de mots écrits pour des ins-

---

[41] Ne pas oublier que la production du verre marchait en continu, et ne s'arrêtait que lors des travaux sur les fours...

tructions ; quand il prenait la relève, il savait où j'en étais resté, on travaillait de la même façon...

« Il y avait une belle ambiance de camaraderie. Ça s'est dégradé quand c'est devenu VMC... Ça a d'ailleurs commencé avec Glasspack, car ils voulaient trop augmenter la productivité... Il y avait le gars qui venait chronométrer le temps qu'on mettait pour produire la pièce. On l'a chassé... On lui a dit : 'le temps d'aller pisser, vous le compter ou quoi ?' On avait dit que s'il revient on arrête tous. Il y avait une vraie solidarité.

« À la machine-outil, on était environ 16 à 18 ouvriers. »

Pourquoi l'usine a fermé ?

« Oui, il y avait une bonne ambiance. Particulièrement au four, quand il y avait quelque chose qui n'allait pas, ils savaient dire 'oh attention ! On arrête', et je crois que c'est un peu pour ça, les patrons se sont appuyés là-dessus pour fermer l'usine... Ailleurs ils fermaient leur gueule, alors qu'à Givors, dès qu'il y avait quelque chose, tu avais les délégués qui allaient voir le directeur et il fallait que ça soit résolu dans les meilleurs délais. Les mécanos[42] sont arrivés à 32 heures par semaine grâce à l'action syndicale... Les conditions de travail des mécanos étaient très dures. Par exemple, Grimaldi s'est fait prendre le bras

---

[42] Ce sont les ouvriers qui travaillent à la « machine », là où la « goutte » de verre fondu tombe dans le moule qu'ils ont préalablement huilé et qui dégage alors une épaisse fumée toxique. Le secteur de travail le plus dur de l'usine.

par la machine il n'a pas pu se reculer et la paraison[43] lui a coulé sur le côté du visage...

« Ça on y voyait de loin, nous. Sauf quand ils nous appelaient parce qu'il y avait un incident, un dépannage à faire. Mais on ne restait pas longtemps. On prenait une cote et on repartait.

« Quand ils ont fermé, l'usine de Givors était plus rentable que celle de Veauche qui était aussi coincée que la nôtre. Ils ont investi un milliard et demi là-bas pour rénover les deux fours... »

Les terres du site sont très polluées. Notamment à l'arsenic, car dans le processus de production on utilise une molécule contenant de l'arsenic.

« C'est pour cela, je crois, que certaines activités sont interdites sur la zone d'activité située sur le site de la verrerie... Des entreprises alimentaires, par exemple... »

Cette pollution à l'arsenic s'est étendue jusque sur l'autre berge du Gier où se trouvaient les jardins ouvriers de BSN.

« D'ailleurs, notre père entretenait des jardins sur ce site et d'autres personnes de notre famille... »

Vous étiez logés par BSN.

« Au début... Après la guerre il leur fallait de la main-d'œuvre et il n'y avait pas de HLM... »

À propos de Jean-Pierre Bertino, le beau-frère, époux de la sœur Maguy.

---

[43] À une température de 1200 degrés !

« Disons qu'il a su faire son chemin. Il s'en est donné les moyens. Il n'était pas bête. Il a fini directeur... »

À propos du travail de Drevon Raymond.

« Il passait nous voir et nous demandait ce qu'il y avait comme problème... Il essayait d'améliorer en parlant avec l'ouvrier, de mettre en place des solutions. Mais tout ce qu'il faisait, il y avait un autre qui venait et le défaisait...

« En ce qui concerne la démolition et la reconstruction des fours, ça durait trois mois, je crois. Et à chaque fois qu'ils le faisaient, ils essayaient d'augmenter leur capacité.

« On a fait des pots, des bouteilles, des carafes, les fameux verres à whiskies, on a même fait des carafes avec l'anse...

L'usine avait son équipe de foot « corpo ».

« On a même joué à Martigues en finale de la coupe de France corporative. Le directeur venait assister à nos matches.

« Il y avait des colonies pour les enfants des travailleurs. À Riverie... Nos parents étaient sévères. Ils ne nous passaient rien... Il fallait courir vite... »

Dans une famille nombreuse, il fallait faire régner l'ordre, ce n'était pas facile...

« L'entreprise nous donnait des avantages en nature : du charbon et de la paille...

« Il y avait des douches dans l'usine et la famille avait droit d'aller aux douches ! » Raconte Raymonde[44]. « C'était bien entretenu, il

---

[44] Une des sœurs de Daniel.

114

y avait une personne en permanence pour nettoyer. »

Au niveau du logement, « au début il y avait deux WC dans la cour pour tout le monde, et plus tard, chacun avait son WC au centre de la coursive du bâtiment. »

« La fabrication et l'entretien des moules ont été externalisés dans des petites entreprises.

« Je crois que c'est Puy-Guillaume qui a récupéré le marché de la verrerie de Givors. Quand la verrerie a fermé, l'usine de Puy-Guillaume a embauché du personnel de l'usine de Givors. Mais il y avait une condition : il fallait déménager là-bas ! »

Parlons un peu de l'arbre de Noël du comité d'entreprise.

« Il se tenait dans la salle municipale. Il y avait un spectacle, la remise des cadeaux par le père Noël. C'était le seul cadeau qu'on avait. Un cadeau bienvenu, peu après la guerre... »

Et pourquoi appelle-t-on le bâtiment de la rue du Moulin qui logeait aussi des verriers, « bâtiment à vitres » ? Après débat, on en a conclu que c'était parce que c'est le seul bâtiment qui n'a pas de coursive (ce que les habitants appellent des « balcons », mais en fait ce sont des coursives parce que c'est par là qu'on passe pour entrer dans les appartements dont la porte d'entrée donne sur cette coursive.

Pendant la pause casse-croûte, réveillon de Noël à l'usine.
À gauche : Lucien

Lucien Del Signore

Né le 12 octobre 1949

Lucien a fait son apprentissage en plâtrerie-peinture. Pourtant il est entré à la verrerie et a fait toute sa carrière dans cette usine comme mécano, le poste de travail le plus dur et le plus dangereux. Quand je lui ai demandé pourquoi il n'a pas travaillé comme plâtrier-peintre, il m'a répondu : « Mon père était mort, et je n'ai pas trouvé de boulot comme plâtrier-peintre. Je devais gagner ma vie pour la famille et j'ai donc intégré la verrerie. »

« Au début, j'ai travaillé dans plusieurs secteurs : au choix, dans les cartons[45], puis j'ai fait une formation de six mois, dont trois semaines à l'usine de Masnières dans le Nord et j'ai intégré mon poste à la machine comme mécano en hiver 1970 à l'usine de Givors.

« Je remplaçais les mécanos quand ils prenaient une pause et je leur donnais un coup de main quand c'était nécessaire. »

Et comment ça fonctionne cette fameuse « machine » où tu travaillais ? Lui demandai-je.

« La paraison [46] tombait dans un premier moule ouvert[47], c'était la phase ébauche, puis la machine transférait le verre ainsi ébauché dans un second moule, c'était la finition… Je graissais le moule avant l'arrivée de la paraison et je retirais vite ma main avant d'être brûlé. On était asphyxié par le nuage de fumée produit par la combustion de l'huile, on respirait ça tout le temps ! Il n'y avait pas d'équipement pour se protéger ! Rien ! Plus tard on nous a fourni des boules quies, car il y avait un bruit assourdissant. On ne pouvait pas se parler entre mécanos pour se donner des informations pour le travail, on s'exprimait par signes.

« Au début, nous avions des bleus de travail avec des boutons cousus, et, un jour, alors que je changeais un finisseur, le rayonnement

---

[45] Choix : trier les objets en verre (bouteilles, pots) à la sortie du processus de fabrication. Cartons : plier les cartons plats pour en faire des récipients.

[46] La « goutte » de verre fondu.

[47] Car composé de plusieurs parties.

de la chaleur a enflammé mon bleu plein de graisse ! J'ai eu la force d'arracher mon bleu enflammé avec les mains malgré les boutons... Plus tard, ils ont fourni des bleus avec des boutons pression... Ça s'est passé à la machine 82.

« On travaillait les jours de fête comme tout le monde. » (Voir la photo en entrée de chapitre)

« Tous ceux qui travaillaient avec moi sur la machine sont morts. » Dit-il, malheureux. Il cite les noms (que j'ai du mal à reproduire ici) et parmi eux Cervantès qui travaillait sur la même machine que Lucien.

« Dans ma brigade, on travaillait tous les jours de fête !

« Grimaldi avait le bras coincé et n'a pas pu esquiver la paraison à 1200 degrés qui est tombée sur son visage ! Un autre a eu la main coincée quand il graissait et il a perdu sa main. Au changement de brigade à midi, ils avaient changé la méthode de fabrication, et celui qui a repris n'avait pas été averti.

« Le four avait cinq canaux pour faire couler le verre fondu.

« On prélevait un verre avec une pince pour vérifier le poids et quand on avait vérifié on le jetait dans une goulotte qui le faisait tomber dans la cave... »

Maguy[48], raconte : « Jean-Pierre[49] me disait parfois : 'je pars parce que le four est en train de couler'... »

---

[48] Une des soeurs de Lucien
[49] Jean-Pierre Bertino son mari.

« Quand ils changeaient de fabrication, ils arrêtaient la machine, mais le verre coulait toujours en provenance du four, alors ils le déviaient vers les goulottes d'évacuation. »

Maguy pose une question : « Et vous ne faisiez que du verre blanc ? Parce qu'à Gironcourt, ils faisaient du vert, du marron... J'entendais Jean-Pierre quand il parlait avec des collègues : 'presser/souffler et souffler/souffler...' »

Dernière anecdote de Lucien : « Un jour un démarcheur est venu nous proposer de diluer les huiles dans de l'acétone ! On a refusé catégoriquement. »

Comme dans le cours de la discussion, on avait un peu confondu acétone et perchloréthylène, je posais la question à Maguy : « Tu n'as pas travaillé dans une blanchisserie avec du perchloréthylène ? »

« Oui. C'est un produit qui shootait ! Quand on distillait le perchlo pour le purifier, j'étais shootée. Et après, quand j'ai arrêté de travailler, je suis resté longtemps quasiment en état de manque de perchlo... »

Lucien (assis) avec, de gauche à droite, debout :
Maguy, Betty et Raymonde

Betty Di Jorio

Née le 12 décembre 1953
Épouse de Lucien Del Signore.

Quand je suis rentrée à la verrerie je venais
de chez Pipo. Je suis allée au cartonnage, au
choix, au rechoix, je repartais aux carton-
nages… Parfois je repartais chez Pipo, et je
revenais à la verrerie. Un jour un grand monsieur me demande de le suivre et m'emmène
vers la Lucie[50]. C'était monsieur Janoray, je
crois… Il me dit : 'allez, installez-vous, on a

---

[50] Une des sœurs de Lucien.

besoin de vous là !' Je me suis emmerdée, mais j'étais mieux payée. J'avais pas 18 ans…

« Je travaillais au choix et au rechoix aussi. On triait les bouteilles et les pots. Il fallait enlever les malfaçons, ceux qui avaient des 'gouttes' ou des' rivières'. Je ne suis pas restée longtemps, même pas un an. »

Elle raconte l'accident au cours duquel Lucien s'en enflammé (au sens propre du terme).

« Ils avaient un bleu de travail, une casquette qui avait des boutons, et un jour Lucien a pris feu. Il a eu peur et a arraché ses vêtements. Ça l'a sauvé. Mais c'était difficile, à cause des boutons. Heureusement qu'il était costaud ! Il avait sa casquette, et quand il est rentré à la maison, ses cheveux avaient brûlé sur les côtés, il était rasé, il ne restait plus que la touffe de cheveux sur la tête. »

« Il n'y avait pas de vie de famille avec le travail en continu. Jour et nuit là-bas, les vacances, les jours de fête, Noël, le jour de l'an… Avant ils avaient le droit de faire des doublages. Les ouvriers finissaient à midi et ils reprenaient le soir même à 8 heures ! Nous on n'avait pas beaucoup d'argent à l'époque. Cela améliorait le salaire, il fallait nourrir les gosses…

« Lucien a eu un AVC à 49 ans. Le 11 février 1999. Il avait déjà eu une alerte auparavant et s'était présenté à l'infirmerie de l'usine. Ils l'ont renvoyé chez lui et a dû rentrer en voiture, la bouche toute tordue par l'AVC, avec 23 de tension… Après son deuxième AVC, il a arrêté de travailler, car il est handicapé. »

Au premier AVC, ils ont été voir le médecin qui a dit : « il n'a rien, il n'a pas la bouche tordue ».

« Puis ils ont fait des analyses de sang et ont détecté un fort diabète et il est parti en maison de repos à Vals les Bains. Une semaine après son retour il a eu son grave AVC.

« On fait partie de l'association des anciens verriers. On est allés au tribunal pour obtenir la reconnaissance de la maladie professionnelle... Mais je n'y retournerai plus. L'avocate de nos adversaires a dit : 'Vous croyez qu'ils sont malades ces gens-là, regardez, ils sont tous là !

« Quand je travaillais à la verrerie, je travaillais au rechoix. Je regardais un miroir avec des petits pots qui passaient devant. Une lumière blanche avec des néons. J'ai encore ce bruit dans la tête. Rien que d'y penser cela me fait mal à la tête. Je regardais les pots défiler et au bout d'un moment, ma tête, ma tête qui me faisait mal. À en vomir ! Un monsieur vient vers moi et me dit : 'ça va pas mon petit ?' Il a vu que cela n'allait pas et me dit : 'Viens avec moi mon petit.' Il me prend par la main, et je lui demande : 'on va où ?' Il répond : 'On va dire à ton mari que tu rentres chez toi !' Quand je suis arrivée chez moi, j'avais vomi, je me suis couchée. Quand ce monsieur m'a pris par la main, je ne voyais plus rien, et quand il m'a emmenée aux machines vers Lucien, je ne l'ai pas vu ! Tellement il y avait de la poussière noire, de la vapeur d'huile, de la graisse...

« Ça sentait, comme quand tu mets la tête dans un moteur, la graisse qui brûle... Je n'entendais rien.

« Lucien avait toujours des brûlures... »

L'auteur à gauche avec Lucien

Jean Pierre Bertino dans un reportage de la télévision régionale sur son travail d'ingénieur de fabrication à l'usine de Gironcourt : la construction du four 5 !

Maguy Del Signore

Née le 29 juillet 1947
Nous parle de son époux :

Jean-Pierre Bertino

Né le 9 février 1950 et décédé le 4 mai 2014

La plupart des personnes interviewées dans cet ouvrage nous parlent de « Jean-Pierre ». J'ai donc demandé à ma belle-sœur Maguy, sa veuve, de nous en parler.

« Jean-Pierre a commencé sa carrière à BSN en 1966 au chargement, puis, avec son BEI d'aide-chimiste il est passé au laboratoire, où il s'occupait du contrôle des fumées et autres. Ensuite, il a fait le CEFI (centre de formation Culture, Éducation, Formation Individualisée) pendant deux ans tout en travaillant, donc il suivait des cours du soir, et il a fait le CESI (École d'Ingénieur, formation en Alternance à Lyon) pendant trois ans. »

Il n'a pas eu peur de s'engager dans une longue et difficile formation qu'il a suivie avec succès !

« Il en est donc sorti comme ingénieur. Il a alors intégré la fusion à Givors, puis la fabrication à Veauche et est resté ensuite douze ans ingénieur fabrication à Gironcourt. Puis il a commencé à occuper un poste de directeur d'usine dans le Nord, à côté de Lille, à Wingles, puis six mois à Vayre près de Bordeaux, ensuite il a été demandé à Puy-Guillaume, car ils avaient besoin de lui. Enfin, il a abordé une autre compétence aux services techniques à Villeurbanne, ensuite en Suisse, et de nouveau à Villeurbanne. »

Il a fait de nombreux voyages aux USA ?

« Oui, cela a commencé à Gironcourt. Il y allait pour faire de choix techniques... »

Réunion de travail dans le même reportage. Jean-Pierre dirige la réunion au centre de la photo

Jean-Pierre à gauche dans le même reportage sur la construction du four 5 à Gironcourt

Joannès Eydan

Né le 28 juin 1924

J'ai bien connu Joannès, car nous étions ensemble maires adjoints à la mairie de Givors durant plusieurs années.

Lorsqu'il a été embauché à l'usine, ce fut son premier boulot. Il s'occupait de la comptabilité. L'usine tournait en « feu continu », ce qu'on appelle les « 4xhuit », plus tard, les horaires sont passés aux « 5xhuit ».

Ensuite il a été muté au siège social à Villeurbanne où il était responsable des achats, ce qui n'est pas une mince affaire, car si l'on croit que la fabrication des pièces de verrerie (bouteilles et pots, etc.) est simple on se trompe lourdement (voir pour cela les explications techniques d'intervenants ci-dessus). Il se rendait donc sur les sites industriels de Givors, Rive-de-Gier, Veauche, etc. C'était d'abord l'époque de Souchon-Neuvesel, puis ensuite, Boussois-Souchon-Neuvesel. Il faisait « le tour des usines» où on lui «disait ce dont ils avaient besoin».

On l'a vu plus haut, le sable est le matériau principal, et constituait donc un tonnage important, mais il y avait d'autres additifs dont nous avons appris l'existence par les interviews précédents.

Les pièces mécaniques étaient de la compétence d'un autre service.

Raymonde Del Signore

Née le 29 octobre 1943
Épouse d'Alain Pelosato

« J'ai travaillé plusieurs fois à BSN. De 1965 à 1967, j'étais donc très jeune, j'ai travaillé au laboratoire Eugène Souchon qui se trouvait dans l'enceinte de l'usine de Givors[51].
« On l'appelait « L'Institut » ! Je travaillais au service documentation, je reliais des revues techniques de BSN, des livres qui expliquaient comment se fabriquait le verre... Des documents très techniques... À ce moment-là, j'ai quitté Givors...
« Et à mon retour en juin 1973, j'ai été intégrée pour un remplacement dans les bureaux

---

[51] Plus tard, il a été transféré à Saint-Romain-en-Gier

de l'usine au service commercial comme dactylo, puis au service formation jusqu'en octobre. À la suite, j'ai été mutée au siège social de BSN à Villeurbanne. J'assurais le secrétariat au service des pots industriels où je suis restée dix ans jusqu'en 1983. Pas mal de Givordins travaillaient là-bas dans les bureaux. C'était le siège social du groupe, donc de toutes les usines de France : Veauche, Gironcourt, Vayre, Puy-Guillaume, Reims (Verreries Mécaniques Champenoises - VMC), Vals-les-Bains, etc.

« En 1983, alors que j'étais en congé maternité, mon service a été transféré à Givors avec réduction de personnel dans un premier temps, puis ils l'ont fermé ! Ils commençaient déjà à réduire le personnel en 1983 ! Pendant mon congé maternité, ils m'ont convoqué à Villeurbanne, pour proposer un autre emploi à Saint-Romain-en-Gier, et j'ai refusé, parce qu'en réalité, ils supprimaient le service... »

Vue de la rive gauche du Gier : les derniers jardins ouvriers organisés par la mairie, à droite, nouvelles constructions à l'emplacement des anciens jardins ouvriers et au-delà du Gier, la cheminée de la verrerie aux abords du pôle automobile.

Xavier Del Signore

Né le 1er juillet 1938

Xavier est rentré à la verrerie de Givors en 1980 (se souvient-il) pour un contrat de trois mois. Il était au chômage et ce contrat fut le bienvenu.

Il travaillait au « rechoix ». Cette partie du « département » 05 était en bout de chaîne de la fabrication. Après le « choix » où le personnel triait le bon du mauvais résultat, il fallait vérifier une dernière fois. Cela se faisait sur les palettes. En résumé, le premier gros tri se faisait au « choix » et ce qu'on pourrait appeler le fignolage au « rechoix ». Le travail dans ce dernier service de la production était moins fatigant que dans celui du « choix ». Parfois les clients demandaient à l'usine de refaire encore une vérification au « rechoix » des produits qu'ils avaient achetés (à l'époque la verrerie produisait des bouteilles). Les stocks étaient réalisés avant le « rechoix ».

À une époque, ce service a été externalisé en partie chez des sous-traitants. Par exemple, dans un entrepôt à Saint-Laurent d'Agny.

La liste des différents « départements » de l'usine : Fusion D03 - Choix D04 – Silicatage D05 – Chargement D07 – Décors D08 – QS (qualité) D09 – Ajusteurs D10 – Moules D11 – Entretien Machines D12 – Achats D13 - ... jusqu'à l'Administration D18... (Voir le schéma en annexe ci-dessous).

Tout le monde disait : « Tu travailles au 11 » ou « Tu travailles au 12 », etc.

Conclusion provisoire : pourquoi l'usine a-t-elle fermé ?

Ah oui, quelle question ! Les avis sont partagés. De nombreuses raisons sont invoquées. En fait, quand on écoute bien tout le monde, toutes ces raisons forment un ensemble. Peut-être qu'une seule d'entre elles n'aurait pas suffi pour que l'usine ferme !

À cette question, chacun a sa réponse, et bien souvent ses réponses au pluriel.
On a évoqué la topographie des lieux : l'usine était enclavée et, par exemple, « on ne pouvait pas tout mettre en ligne ».
D'autres évoquent des raisons politiques : une mairie communiste avec une taxe professionnelle élevée, trop de grèves, toujours soutenues par la municipalité communiste.
« C'est Givors, trop de grèves trop de manifestations, la mairie communiste, la taxe professionnelle élevée, etc. »
D'autres prétendent que la verrerie a été victime du communisme qui, pourtant, se prétend défendre l'intérêt des travailleurs, mais à trop le défendre… Parfois, le meilleur est l'ennemi du bien.
Les syndicats, particulièrement le syndicat CGT, étaient très puissants.
D'autres personnes, qui ne s'expriment pas dans cet ouvrage, évoquent un certain effondrement de l'autorité de la hiérarchie. Ainsi,

on m'a cité l'exemple d'Antoine Riboud qui, lorsqu'il arrivait dans une usine, commençait par réunir les membres du comité d'entreprise et les syndicats avant de s'entretenir avec la direction et la hiérarchie.

Toutes les personnes qui s'expriment dans ce livre indiquent que pendant les dernières années l'ambiance avait changé dans l'usine. L'esprit de solidarité qui liait les membres du personnel entre eux parce qu'ils étaient tous des verriers se délitait.

Quand l'annonce de la fermeture avait été connue, bien des salariés portaient leur espoir dans une mutation à Puy-Guillaume, et on les comprend.

Comment en est-on arrivé là ?

En dehors de ces conditions locales, rien ne peut se comprendre sans regarder l'évolution du groupe BSN, qui a déjà été évoquée plus haut, mais sur laquelle je dois revenir avec plus de précisions dans cette conclusion.

Antoine Riboud devint président de Souchon-Neuvesel en 1965, puis lors de la fusion avec Boussois, devint PDG de BSN (Boussois-Souchon-Neuvesel). Après une tentative échouée d'OPE sur le groupe Saint-Gobain, il pousse BSN à abandonner le verre pour développer l'agroalimentaire qui utilise beaucoup de verres creux. Dès 1970, BSN devient le leader français de la bière, des eaux minérales et de l'alimentation infantile. Le groupe acquiert Kronenbourg et Évian, puis en 1973 réalise la fusion entre BSN et Gervais-Danone. Antoine Riboud entame ensuite un désengagement intensif de la fabrication du verre dans son groupe qu'il nomme d'ailleurs tout simplement Danone en 1994, soit à peine 8 ans avant la fermeture de l'usine BSN de Givors et qui est donc vendue ensuite à VMC (Verreries Mécaniques Champenoises, devenues ensuite Verre Mouvement Création, etc.) pour devenir BSN-VMC, puis BSN Glasspack et enfin vendue à l'Américain Owens-Illinois Manufacturing.   Pourquoi O.-I. Manufacturing a-t-il fermé la verrerie un an seulement après l'avoir achetée ?

En quelque sorte, le groupe BSN a bradé ses verreries comme de simples marchandises. De plus, quand la verrerie de Givors est devenue VMC, l'autre usine VMC réalisait exactement la même production que celle de Givors. Deux usines se faisaient concurrence dans le même groupe.

On constate donc qu'un grand nombre de facteurs ont contribué à se coaguler pour aboutir à la fermeture de l'usine : les évolutions internes entre les femmes et les hommes de l'usine,   la   topographie   des   lieux, l'environnement politique, la fiscalité locale et l'évolution capitalistique du groupe propriétaire de l'usine.

Il serait trop simpliste d'attribuer à un seul facteur une décision qui a été vécue de manière dramatique par des centaines de familles et par la commune dans son ensemble.

Le débat reste ouvert.

Place aux historiens pour faire une analyse historique et documentée sur le sujet.

ANNEXES

Quelques éléments techniques

Pour mieux comprendre

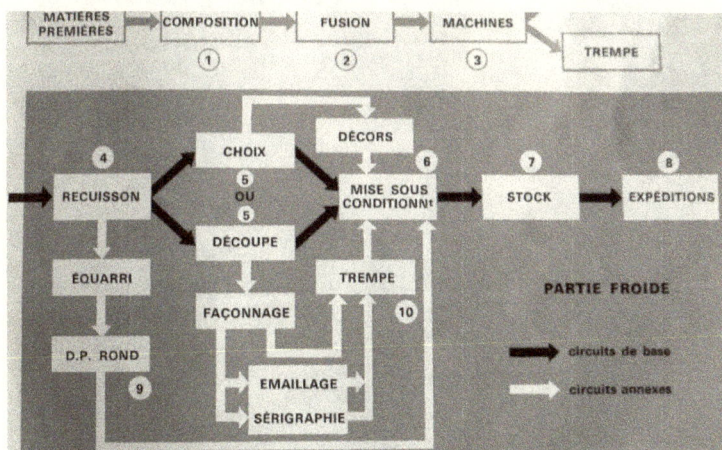

Les usines BSN

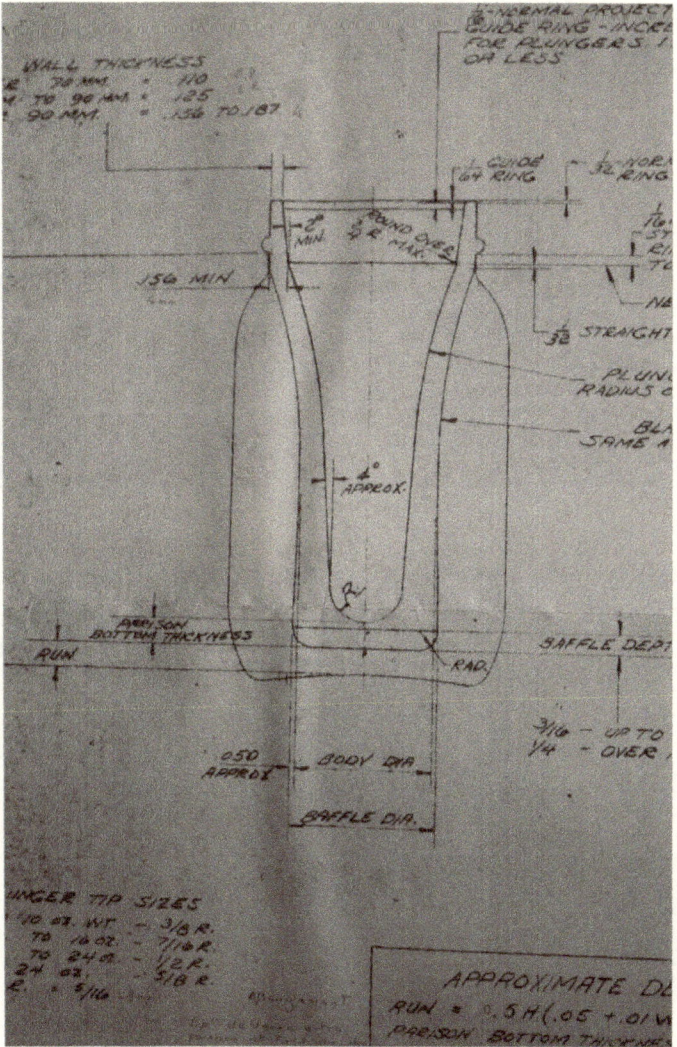

À l'intérieur la forme en verre au départ et autour d'elle la forme qu'elle doit avoir après finition....

La machine à Aubenas

À Givors… On appelle cet ouvrier le « mécano »,
son nom anglo-saxon est plus exact : « Machine Operator »…
Sur la photo page 77 l'ouvrier qui fait ce travail porte un pro-
tège visage transparent… Ce qui n'est pas le cas ici.

Et comment c'était avant ?

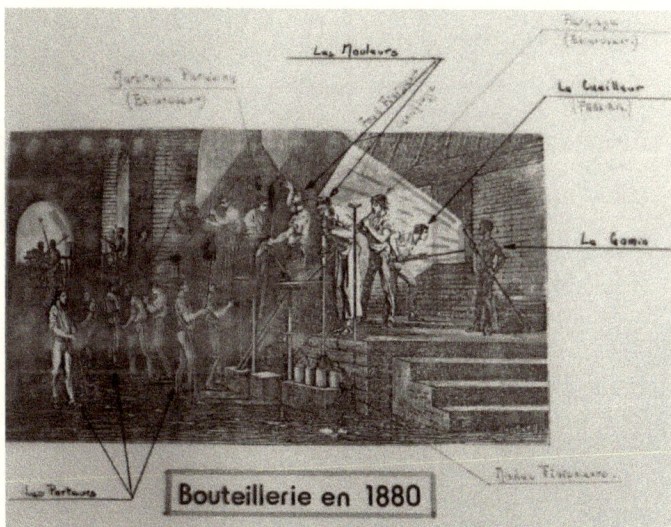

Bouteillerie en 1880

Légendes du haut à gauche vers la droite,
descendre sur la droite et en bas,
de droite à gauche :

Marbrage paraison (Ébaucheur)
Les Mouleurs (Fond finisseur et gonflage)
Perçage (Ébaucheur)
Le Cueilleur (Feeder)
Le Gamin
Moules finisseurs
Les Porteurs

Le site français du verre

http://www.verreonline.fr/plan.php

Extrait du rapport de l'ORS[52] concernant la verrerie de Givors

6,2 L'ASSOCIATION DES ANCIENS VERRIERS DE GIVORS

6.2.1 Les interrogations des anciens verriers concernant leur état de santé.

À la fermeture de l'usine, en 2003, une volonté forte existait parmi les salariés de la verrerie de rester rassemblés, afin de maintenir un lien de solidarité et certains acquis portés par l'ancien comité d'entreprise. Les anciens employés se regroupent alors au sein de l'association des Anciens Verriers de Givors.

Au fil du temps, ils constatent chez les anciens salariés de l'usine l'apparition de maladies (cancers, notamment) et de décès qui leur semblent étonnamment fréquents chez des personnes de leur âge. Un questionnement émerge alors sur l'origine de ces maladies. L'historique professionnel étant un point commun à l'ensemble des personnes touchées, une intuition apparaît à propos d'un lien potentiel entre les maladies développées et des expositions professionnelles passées. Les activités de l'association s'orientent alors

---

[52] Observatoire Régional de la Santé

particulièrement sur la thématique des maladies professionnelles. L'association permet aujourd'hui d'informer les salariés, de rassembler des informations sur la verrerie, les expositions et les maladies professionnelles, d'apporter un appui aux demandes de reconnaissance, domaine dans lequel elle est particulièrement active.

En 2009, les membres de l'association décident d'interroger l'ensemble des verriers sur leur état de santé en envoyant un questionnaire aux 645 anciens verriers de Givors. Parmi eux, 208 ont répondu en nommant les éventuelles affections dont ils souffraient : 82 se déclaraient atteints de diverses pathologies (« problèmes cardiaques, neurologiques, respiratoires, etc. »), et 92 déclaraient être atteints de cancers (dont 20 des poumons et 14 ORL, selon les déclarations des verriers).

Alertée par ces réponses, l'association demande alors à la mairie de Givors la réalisation d'une enquête épidémiologique afin d'éclairer ses constats. La mairie de Givors adresse alors une demande à la DDASS du Rhône, qui mandate la Cire Rhône-Alpes (Cellule de l'InVs en région) pour répondre aux verriers (réunion du 19 octobre 2009 en présence de la mairie de Givors, de la Cire et de la Direction régionale du travail (DRTEFP)). Néanmoins, la réalisation d'une telle étude est déclarée non pertinente par la Cire, pour les raisons suivantes :

- Les associations entre les expositions à des agents cancérogènes dans l'industrie du verre (silice, métaux, amiante, HAP) et le risque de cancer sont déjà bien établies (voir partie 6.4) : une telle étude n'apporterait donc ni information supplémentaire, ni de réponse aux attentes de reconnaissance en maladies professionnelles exprimées par les verriers.

- Une étude épidémiologique rétrospective nécessite le déploiement d'un travail minutieux de recueil de données, pour identifier précisément les salariés concernés, caractériser l'ensemble des postes de travail occupés au fil des années, les expositions correspondantes sur une longue période (durée de la carrière des verriers), rechercher leur statut vital, valider leurs causes de décès, etc.

- Une telle étude, réalisée sur quelques centaines de salariés, pourrait manquer de puissance statistique du fait d'un nombre de sujets trop faible : l'étude risquerait donc ne pas mettre en évidence un excès de cas de maladies, même si celui-ci existe. Plusieurs sites d'étude seraient nécessaires pour obtenir un nombre de sujets suffisant.

Aujourd'hui, les anciens verriers expriment plusieurs inquiétudes et interrogations :

• Les diagnostics environnementaux effectués sur le terrain de la verrerie ont établi une pollution des sols et des eaux souterraines (rapport Blondel) par des substances auxquelles étaient exposés les verriers, notamment en arsenic, métaux lourds, et HAP (hydrocarbures aromatiques polycycliques). Deux arrêtés préfectoraux ont également été établis, imposant des prescriptions complémentaires à la société VMC et des servitudes d'utilité publique relatives à l'usage du sol et du sous-sol. Ces constats environnementaux ont renforcé l'inquiétude des anciens verriers sur les expositions qu'ils ont eux-mêmes pu subir au sein même de l'usine lors de leur activité professionnelle, ainsi que des expositions subies par les travailleurs temporaires de l'usine, très nombreux à certaines périodes.

• Ils ont la conviction que les expositions subies ont joué un rôle significatif dans les maladies, et notamment les cancers, qu'ils observent aujourd'hui chez plusieurs anciens verriers. L'examen qu'ils ont fait des fiches de sécurité des produits présents à la verrerie (document présenté en annexe) alimente leurs interrogations sur « l'exposition toxique » que subissaient les verriers de manière quotidienne. C'est la raison pour laquelle ils demandent la reconnaissance en maladies professionnelles des pathologies développées par nombre d'entre eux.

• Selon les verriers, les équipes de consultations spécialisées en maladies professionnelles qu'ils ont rencontrées leur ont indiqué que les cancers présentés étaient essentiellement dus à leurs consommations de tabac et d'alcool sur de longues durées. Ils jugent cette explication insuffisante, compte tenu de la documentation existante sur les expositions en verrerie et la pollution de l'environnement sur le terrain de l'usine.

• Les verriers ne comprennent pas pourquoi ils ne disposent pas, malgré leurs demandes, d'attestations d'exposition aux CMR (agents Cancérigènes, Mutagènes, Reprotoxiques). Ils ne possèdent à ce jour que celles d'exposition à l'amiante. Une seule autre attestation d'exposition aux CMR aurait été délivrée à ce jour par la médecine du travail. Une réunion pour discuter ce point a été organisée en mars 2010 avec des membres de la direction et O.-I. Manufacturing, mais malgré la volonté de ce dernier de collaborer dans le cadre d'une éventuelle enquête pour établir les attestations, celles-ci n'ont à ce jour pas été délivrées aux verriers.

• Les anciens verriers indiquent que de nombreuses demandes d'accès à leur dossier médical de médecine du travail sont restées lettre morte, et que des pièces étaient absentes dans les dossiers auxquels ils ont eu accès (absence de radiographies pulmonaires annuelles de contrôle, par exemple).

• Par ailleurs, ils s'interrogent sur les expositions subies par les habitants de Givors pendant les années de fonctionnement de la verrerie, du fait de la pollution due à ses activités (pollution des sols, de l'eau, et de l'air). Ils s'inquiètent que les eaux pluviales issues du terrain de la verrerie soient directement (sans procédé de dépollution préalable) rejetées dans le Gier, qui lui-même se jette dans le Rhône en face d'une aire de captage d'eau potable. Ils évoquent aussi l'importance des fumées chargées de poussières de soufre émises dans le passé lors du fonctionnement de l'usine.

6.2.2 Plusieurs cas de reconnaissance de maladies professionnelles

D'après les verriers, à ce jour, cinq cas d'anciens verriers de Givors ayant développé des cancers ont obtenu la reconnaissance de ceux-ci en maladie professionnelle :

- Trois cas de cancer du broncho-pulmonaire reconnus au titre du tableau de maladie professionnelle n°30bis : cancer broncho-pulmonaire provoqué par l'inhalation de poussières d'amiante (mars 2008, janvier 2011 et septembre 2011)

- Un cas d'épithélioma cutané reconnu au titre du tableau de maladie professionnelle n° 20 : affections professionnelles provoquées par l'arsenic et ses composés minéraux (août 2013)

- Un cas de cancer du plancher buccal et du pharynx reconnu en avril 2014, sur décision du tribunal des affaires de sécurité sociale de Lyon (TASS).

À noter que ce cas correspond au salarié qui avait obtenu un certificat d'exposition aux CMR auprès de la médecine du travail. Deux comités régionaux de reconnaissance des maladies professionnelles (CRRMP, Lyon et Dijon) avaient auparavant été consultés pour ce dossier, et avaient tous deux donné un avis défavorable à la reconnaissance, considérant que les pathologies présentées par le patient n'avaient pas été directement et essentiellement causées par son travail, compte tenu des connaissances scientifiques existantes sur les pathologies présentées et les expositions considérées. Dans ce cas, les reconnaissances en maladies professionnelles découlent en fait d'une décision de justice.

D'autres anciens verriers ont obtenu la reconnaissance d'autres pathologies non cancéreuses en maladies professionnelles :

- Un cas de plaques pleurales reconnu au titre du tableau de maladie professionnelle n° 30 : affections professionnelles consécutives à l'inhalation de poussières d'amiante (juillet 2012)

- Un cas de silicose pulmonaire reconnu au titre du tableau de maladie professionnelle n° 25 : affections consécutives à l'inhalation de poussières minérales renfermant de la silice cristalline, des silicates cristallins, du graphite ou de la houille (avril 2003)

- Treize verriers reconnus pour surdité de 1982 à 1989

6.2.3 Les anciens verriers de Givors : leurs attentes aujourd'hui

À ce jour, les anciens verriers de Givors souhaitent :

• Obtenir leurs certificats d'exposition pour l'ensemble des agents CMR auxquels ils ont été chacun exposés

• Bénéficier d'un suivi post-professionnel adapté à leurs expositions passées, et le cas échéant, d'une reconnaissance de leurs pathologies en maladies professionnelles

• Obtenir, le cas échéant, l'indemnisation du préjudice d'anxiété pour leurs expositions aux CMR (amiante et autres substances)

Selon les anciens verriers, l'absence des certificats d'expositions aux CMR est injustifiée et constitue une entrave à leurs démarches de demande de suivi post-professionnel et aussi de reconnaissance en maladie professionnelle auprès de la CPAM.

Une procédure (circulaire CNAMTS du 31 janvier 1996 portant sur la surveillance post-professionnelle des salariés) prévoit en effet la possibilité de demande de suivi médical post-professionnel et de reconnaissance en maladie professionnelle en l'absence de certificat d'exposition. Mais en pratique, les verriers disent rencontrer des difficultés pour obtenir un suivi post-professionnel en l'absence de ce document : le suivi n'a au départ été accepté que pour l'amiante, pour laquelle les salariés disposaient d'un certificat d'exposition. Il serait désormais accepté pour la silice et le trichloréthylène, mais pas pour les HAP et autres produits CMR.

À ce jour, plusieurs procédures sont engagées par d'anciens verriers de Givors devant les Prud'hommes et devant les Tribunaux de Sécurité Sociale de Lyon et Saint-Étienne. Une soixantaine de verriers exigent leurs attestations d'exposition aux CMR et l'indemnisation du préjudice d'anxiété correspondant. Ils revendiquent aussi leur droit au suivi médical post-professionnel correspondant.

6,3 LA SANTÉ AU TRAVAIL : CE QUE PRÉVOIT LA LOI

La problématique des anciens verriers de Givors étant relative au domaine de la santé au travail, nous rappelons dans les sections suivantes le cadre réglementaire de l'organisation de la santé au travail, de la prévention des risques en milieu professionnel (risque chimique, notamment), et de la reconnaissance des maladies professionnelles, avant de le mettre en regard avec les éléments des entretiens relatifs à cette thématique.
À noter que compte tenu du contexte des anciens verriers, nous nous concentrerons sur la prévention du risque chimique et sur le risque de cancer.

6.3.1 Historique et organisation de la prévention des risques professionnels

La loi qui fonde la médecine du travail sur le plan légal a été adoptée en octobre 1946, date à laquelle le service de médecine du travail a été institué. Dans le courant des années 70, une prise de conscience sur la notion de prévention émerge et donne lieu à de nombreuses évolutions jusque dans les années 2000 :

- 1979 : institution du tiers temps. Le médecin du travail doit passer un tiers de son temps sur le lieu de travail des salariés afin de prendre en compte leurs conditions de travail
- 1982 : les CHSCT (Comités d'Hygiène de Sécurité et des Conditions de Travail) sont

rendus obligatoires dans les entreprises de plus de 50 salariés. Cette instance réunit l'employeur et des délégués du personnel. Y sont discutées toutes les questions relatives à la santé des salariés, à la sécurité, et aux conditions de travail, dont la recherche de solution concernant l'environnement physique de travail (poussières, substances, etc.). Le médecin du travail assiste à ses réunions avec une voix consultative.

- 1989 : application de la Directive européenne qui impose la mise en place de services de protection et de prévention
- Années 90, la médecine du travail évolue nettement vers une médecine de prévention qui doit désormais intégrer la pluridisciplinarité (ergonomes, chimistes, préventeurs…)
- 2001 : mise en place du document unique d'évaluation des risques professionnels
- 2004 : réforme de la médecine du travail, qui devient « santé au travail »
- 2005 : premier plan Santé Travail
- 2011 : loi de réorganisation des services de santé au travail, en vigueur depuis le 1er juillet 2012

La prévention des risques professionnels est aujourd'hui imposée à tout employeur par le Code du Travail. L'article L.230-2 (loi du 31 décembre 1991) indique en effet : « le chef d'établissement prend les mesures nécessaires pour assurer la sécurité et protéger la santé physique et mentale des travailleurs, y compris les travailleurs temporaires ». Au sein de toute entreprise, l'employeur est donc responsable des bonnes conditions de santé, de sécurité et de travail des salariés. Depuis 2001, l'employeur doit établir et mettre à jour, chaque année, un document unique d'évaluation des risques professionnels, qui doit servir de base au développement d'actions de prévention dans l'entreprise.

Le service de santé au travail, dont le médecin du travail est le principal acteur, occupe une place centrale dans cette organisation. Son rôle, exclusivement préventif, est d'« éviter toute altération de la santé des travailleurs du fait de leur travail », et de certifier l'aptitude d'un point de vue médical, des salariés à occuper leur poste. Pour cela, le médecin du travail assure à la fois une surveillance clinique de la santé des salariés, et l'analyse des risques sur le milieu de travail. Il conseille ainsi les salariés et l'employeur sur les actions à mener sur le terrain et si nécessaire, propose des actions correctrices (aménagements de postes ou mesures préventives, par exemple). Selon la taille de l'entreprise, ce service peut être organisé en service propre (interne à l'entreprise et sur site), ou en service interentreprises.

6.3.2 La prévention des risques chimiques
Parmi les risques existants en entreprise, le risque chimique est particulièrement présent dans l'industrie du verre (voir partie 6.4.1).

La démarche de prévention du risque chimique repose notamment sur une identification des produits dangereux présents dans l'entreprise, et sur l'évaluation des risques correspondants. C'est le résultat de cette évaluation qui est depuis 2001 consignée dans le document unique, transmis au médecin du travail et mis à disposition du CHSCT et des délégués du personnel.

Pour effectuer cette évaluation des risques, l'employeur dispose, entre autres, de :

– L'étiquetage apposé sur les récipients renfermant les produits chimiques utilisés (réglementé en fonction de la dangerosité des produits)

– Des fiches de données de sécurité ou FDS

Ces dernières indiquent les informations nécessaires à la protection de la santé, de la sécurité des travailleurs et de l'environnement, et détaillent notamment les moyens de protection et les mesures à prendre en cas d'urgence. Les FDS permettent à l'employeur d'informer le personnel, de prendre des mesures de protection collective adaptées et si nécessaire des mesures de protection individuelles. La FDS sert également à l'employeur à établir les notices de poste. Elle doit être mise à jour régulièrement afin de tenir compte des nouvelles informations disponibles. La fourniture des FDS à tout chef d'établissement ou travailleur indépendant est devenue obligatoire en 1988, même si elles existaient déjà en 1978 à l'initiative des fabricants, et que le Code du travail prévoit dès fin 1979 que les fabricants, importateurs ou vendeurs transmettent aux employeurs des informations sur la composition des substances et préparations, leurs risques et les précautions à prendre. Depuis 2007, l'obligation d'établir une FDS relève du règlement REACH.

L'employeur doit transmettre les FDS au médecin du travail.

L'employeur établit également une notice de poste pour chaque poste de travail ou situation de travail exposant les travailleurs à des agents chimiques dangereux. Cette notice est destinée à informer les travailleurs des risques auxquels leur travail peut les exposer et des dispositions prises pour les éviter. Elle rappelle les règles d'hygiène applicables et les consignes relatives à l'emploi des équipements de protection collective ou individuelle.

Suite à l'évaluation des risques, des mesures de prévention peuvent être mises en place : elles peuvent concerner les installations de ventilation, les situations accidentelles, l'hygiène, la signalisation et l'accès limité aux locaux, la protection individuelle, ou encore l'information et la formation des salariés exposés. Elles sont établies en concertation avec les représentants du personnel et le service de santé au travail.

Des mesures de concentrations des agents chimiques dans l'air doivent être effectuées régulièrement pour vérifier que les niveaux d'expositions respectent les valeurs limites d'exposition professionnelle.

Les principes généraux de la prévention du risque chimique sont les suivants :

—   Éviter les risques, si possible en les supprimant

—   Évaluer les risques et les combattre à la source

- Remplacer ce qui est dangereux par ce qui ne l'est pas ou ce qui l'est moins (principe de substitution des produits dangereux par des produits présentant moins de risques)
- Privilégier les mesures de protection collective (ventilation et assainissement de l'air, système clos, mécanisation, encoffrement...) par rapport aux mesures de protection individuelle
- Former et informer les salariés sur les risques et leur prévention

Les règles de prévention qui découlent de l'évaluation sont d'autant plus strictes que les effets sur la santé sont importants. Elles distinguent les mesures propres aux agents chimiques dangereux, et celles propres aux agents CMR avérés. Des règles particulières existent pour les activités exposant à certains agents dangereux, comme notamment l'amiante, le plomb, ou la silice cristalline.

6.3.3 La surveillance médicale des salariés et les maladies professionnelles

6.3.3.1 Surveillance médicale des salariés pendant l'activité professionnelle

En plus de la surveillance médicale prévue pour l'ensemble des salariés, les travailleurs exposés à des agents chimiques pouvant présenter un risque pour leur santé bénéficient d'une surveillance médicale renforcée. Celle-ci a été mise en place en 1977. Elle comprend une visite médicale au moins une fois tous les deux ans (avant la loi de 2011, cette surveillance était annuelle), et éventuellement des examens complémentaires.

Pour assurer le suivi médical des salariés exposés à des produits dangereux, les documents suivants sont utilisés :

• La liste des salariés exposés aux produits chimiques dangereux et aux CMR est établie par l'employeur. Elle précise la nature de l'exposition, sa durée et son importance.

• La fiche individuelle d'exposition est établie par l'employeur pour chacun des salariés exposés : elle détaille les procédés de travail, les équipements de protection utilisés, les caractéristiques des produits auxquels sont exposés les salariés, les périodes d'exposition, etc. Le double de cette fiche est remis au médecin du travail, et reste accessible au salarié.

• L'attestation d'exposition aux agents chimiques dangereux ou aux CMR est établie conjointement par le médecin du travail et l'employeur et remise au salarié à son départ de l'entreprise.

C'est l'employeur qui décide, en fonction de l'évaluation des risques, des salariés concernés par la surveillance médicale renforcée. Le médecin du travail intervient en tant que conseiller dans cette décision. Pour les entreprises de plus de 50 salariés ou disposant d'un CHSCT, un document d'adhésion est rédigé et mis à jour annuellement. Celui-ci contient toutes indications concernant l'organisation de la surveillance des salariés (lieux où s'exerce la surveillance des salariés, personnel du service de santé au travail, nombre et catégorie des salariés à surveiller, risques professionnels auxquels ils sont exposés, réunions du CHSCT, temps dont le médecin dispose pour remplir ses fonctions).

Le dossier médical des salariés ayant été exposés à des agents chimiques dangereux ou CMR doit être conservé durant 50 ans (articles R-231-54-16 et R-231-56-11du Code du travail).

6.3.3.2 Surveillance post-professionnelle

Les salariés ayant été exposés à certains risques, notamment des agents cancérogènes, peuvent bénéficier d'une surveillance médicale spécifique suite à l'arrêt de leur activité professionnelle (départ de l'entreprise ou départ en retraite). Cette surveillance a pour objectif de dépister le plus tôt possible une maladie en liaison avec cette exposition, et de faciliter, le cas échéant, une éventuelle déclaration en maladie professionnelle. Cette surveillance est réalisée par le médecin traitant du salarié. La nature et la fréquence des examens médicaux varient en fonction du type d'expositions.

Pour en bénéficier, les anciens salariés doivent adresser une demande de suivi post-professionnel à leur caisse d'Assurance Maladie, en y joignant l'attestation d'exposition qui leur a été remise à leur départ de l'entreprise par l'employeur et le médecin du travail. En l'absence de cette attestation, une demande de suivi post-professionnel est possible : la caisse d'Assurance Maladie fait alors procéder à une enquête pour établir la nature des expositions.

6.3.3.3 Les maladies professionnelles et leur reconnaissance

Une maladie est dite « professionnelle » si elle est la conséquence directe de l'exposition plus ou moins prolongée d'un travailleur à un risque physique, chimique, biologique, ou résulte des conditions dans lesquelles il exerce son activité professionnelle (4)[53].

Lorsqu'une maladie est reconnue comme telle, le salarié bénéficie d'une prise en charge à 100 % des frais médicaux, chirurgicaux, et de pharmacie liés à celle-ci, et d'une indemnisation des séquelles. Si la maladie professionnelle du salarié entraîne son décès, une rente est versée à ses ayants droit.

1. Présomption d'origine professionnelle : la maladie est listée dans un des tableaux de maladies professionnelles

Depuis la loi du 25 octobre 1919, une maladie peut être reconnue comme maladie professionnelle (MP) si elle figure sur l'un des tableaux annexés au code de la sécurité sociale (5).

Ceux-ci fixent précisément la pathologie et la nature des symptômes, le délai de prise en charge, et les travaux susceptibles de provoquer la pathologie.

Toute affection qui répond à l'ensemble de ces conditions est systématiquement présumée d'origine professionnelle, sans qu'il soit nécessaire d'en établir la preuve, et, quels que

---

[53] Ces chiffres entre parenthèses renvoient à la numérotation de la « Bibliographie santé des verriers » au chapitre suivant.

soient les facteurs extra- professionnels qui caractérisent le salarié.

2.   Système complémentaire de reconnaissance des maladies professionnelles

Ce système existe depuis la loi du 27 janvier 1993. Il s'applique :

–   Lorsque toutes les conditions listées dans le tableau concernant la maladie ne sont pas remplies. Dans ce cas, le salarié ne bénéficie plus de la « présomption d'origine professionnelle » et la maladie peut être reconnue comme professionnelle s'il est établi qu'elle est directement causée par le travail habituel de la victime. On parle alors de reconnaissance au titre de l'Alinéa 3.

–   Lorsque la maladie est non mentionnée dans les tableaux de MP et qu'elle entraîne le décès du salarié ou une incapacité permanente d'au moins 25 %.

Dans ce cas, le dossier du salarié est présenté au Comité Régional de Reconnaissance des Maladies Professionnelles (CRRMP), dont le rôle est d'apprécier l'existence d'un lien direct et essentiel entre l'activité professionnelle habituelle et la maladie. On parle alors de reconnaissance au titre de l'Alinéa 4.

À noter que les reconnaissances au titre de l'alinéa 4 ont été multipliées par 2 entre 2006 et 2012, reflétant la prise en compte de nouveaux risques. Les cancers représentent près d'un quart (22 %) des demandes aux CRRMP, et leur taux de reconnaissance était de 19 % en 2013 (6).

Les difficultés de reconnaissance des maladies professionnelles découlent souvent du fait que la cause professionnelle de la maladie est rarement évidente. Il est en effet très complexe d'évaluer la part d'une maladie qui revient à telle ou telle nuisance, professionnelle ou extraprofessionnelle. Cette complexité est d'autant plus prégnante lorsque la maladie se manifeste plusieurs années après l'exposition et que ses causes peuvent être multifactorielles (cas des cancers, notamment).

Lorsque le CRRMP a donné un avis défavorable à la reconnaissance de la maladie, les victimes peuvent le contester en saisissant la Commission de Recours Amiable (CRA), et si nécessaire, le Tribunal des Affaires de Sécurité Sociale (TASS) qui demandera des avis supplémentaires (avis d'un autre CRRMP).

6.3.3.4 La santé au travail à la verrerie de Givors

À la verrerie de Givors, c'est avec l'apparition du CHSCT, en 1982, qu'est peu à peu née une prise de conscience sur l'impact éventuel des substances chimiques sur la santé des travailleurs. Conjointement, les fiches de données de sécurité des produits chimiques utilisés ont été mises en place. Les mesures de protection sont ensuite arrivées progressivement dans le temps. La prise de conscience sur la possibilité de contracter des maladies professionnelles est apparue plus tardivement, le CHSCT concentrant au départ son attention davantage sur les accidents du travail que sur les maladies professionnelles.

Concernant la gestion de la santé au travail en place à la verrerie, les points suivants ont été soulevés lors des entretiens avec les anciens verriers, et évoqués dans des comptes rendus de réunions de CHSCT traitant de ce sujet :

—   Le temps passé par le médecin du travail sur le terrain de l'usine paraissait insuffisant aux verriers

—   Des écarts existaient entre les consignes données par le médecin du travail à la direction, et les mesures de prévention effectivement mises en place par celle-ci. Le médecin du travail n'intervenant qu'en tant que conseiller dans la mise en place des mesures préventives, la question de l'application de ces consignes par l'employeur est sujette à interrogation.

—   Concernant la gestion du risque chimique, les fiches de données de sécurité (FDS) des produits chimiques utilisés à la verrerie concernaient 55 produits. Le médecin du travail a cependant relevé lors de réunions de CHSCT, l'absence de FDS pour certains produits. D'après les verriers, ces produits n'étaient par ailleurs pas toujours employés en conformité avec les prescriptions sécuritaires des fabricants (températures et mélanges). À leur connaissance, il n'existait pas de fiches individuelles d'exposition correspondantes, et en conséquence, le suivi médical des travailleurs exposés à des substances chimiques n'aurait pas été mis en place pendant des années.

—   Comme le confirmera plus tard l'étude de la Carsat (Caisse d'Assurance Retraite et de la Santé au Travail) dans des verreries similaires à celle de Givors (voir plus loin), les mesures de protection collectives et notamment le système de ventilation de l'usine était insuffisant. Pour justifier ce manque, à l'époque, des arguments financiers avaient été avancés, ainsi que le risque anxiogène potentiel que la mise en place du système aurait pu induire chez les ouvriers (mettre en place un système de protection indiquant explicitement que le risque est présent).

– Les ouvriers avaient globalement peu conscience de leurs expositions et des risques associés. Malgré les recommandations du médecin du travail, ils étaient peu adhérents aux mesures de protection individuelles non rendues obligatoires, notamment car ils les trouvaient mal adaptées à leur poste de travail. Il existe par exemple des masques pour se protéger des fumées, mais il est très pénible de les porter en plus des équipements obligatoires (casque, lunettes...), à cause de la superposition et de la chaleur durant les interventions : l'équipement complet génère trop de transpiration, et les empêche de lire sur les lèvres de leurs collègues (pratique nécessaire compte tenu de l'environnement très bruyant).

Dans le cadre des actions que les anciens verriers entreprennent aujourd'hui pour faire valoir leurs droits, les obstacles auxquels ils disent être confrontés sont les suivants :

– Une grande difficulté d'accès à leur dossier médical de médecine du travail

Bien que les dossiers médicaux des travailleurs ayant été exposés à des produits dangereux ou CMR doivent être conservés durant 50 ans, les anciens verriers disent rencontrer de nombreuses difficultés pour avoir accès à ce dossier, certains n'y parvenant pas du tout. Par ailleurs, les dossiers auxquels ils ont pu avoir accès leur semblent incomplets (manque de certains examens médicaux comme des radiographies pulmonaires, par exemple), ce qu'ils ne comprennent pas. Ce dernier constat est démenti par l'organisme de médecine du travail qui a conservé les dossiers.

– L'absence d'attestation d'exposition aux CMR

Si 278 attestions d'expositions à l'amiante ont été délivrées, une seule attestation d'exposition aux CMR a été délivrée à un des anciens verriers par la médecine du travail. Selon les anciens verriers, ces attestations auraient été rédigées par le médecin du travail, mais la direction aurait refusé de les signer, fait notifié à la police judiciaire par le médecin du travail, d'après les verriers.

– La complexité du parcours de reconnaissance des maladies professionnelles

La procédure de reconnaissance des maladies professionnelles leur semble d'une grande complexité, et ils déclarent avoir rencontré des difficultés dissuasives. La procédure nécessite donc une motivation importante, un regroupement en collectif et un appui juridique. Les verriers ne connaissent pas aujourd'hui l'ensemble des maladies professionnelles qui ont été reconnues.

– Un suivi post-professionnel qui semble difficile

Le suivi post-professionnel des verriers relatif à leur exposition à l'amiante (suivi pulmonaire) semble être accordé aux verriers qui en font la demande. Ils disposent en effet d'une attestation d'exposition à l'amiante, qui facilite la démarche de demande de suivi post-professionnel.

En revanche, ils ne parviennent pas à bénéficier d'un suivi post-professionnel pour les agents CMR auxquels ils disent avoir été exposés, malgré leurs demandes auprès de la Caisse d'assurance maladie. D'après eux, l'absence d'attestation d'exposition aux CMR explique cette situation, malgré le fait qu'une procédure existe à la CPAM pour la mise en place d'un suivi post-professionnel en cas d'absence de cette attestation (voir partie 6.3.3.2).

6,4 LES EXPOSITIONS AU RISQUE CHIMIQUE EN VERRERIE ET LE RISQUE DE CANCER

6.4.1 Les connaissances scientifiques actuelles

Selon la littérature, la part de cancers attribuables à des expositions professionnelles serait de 4 à 8 % (7).

Comme l'a montré l'enquête Sumer au fil des années, il existe de fortes inégalités sociales d'exposition aux produits cancérogènes entre les différentes catégories professionnelles et entre les différents secteurs d'activités (8):

–   Si 10 % des salariés de l'enquête Sumer avaient été exposés en 2010 à au moins un agent cancérogène lors de la semaine précédente, deux tiers d'entre eux étaient des ouvriers, alors qu'ils ne représentent que 29 % des salariés. Pour comparaison, seuls 2 % des cadres étaient exposés à des produits cancérogènes.

–   Les salariés de la construction (32 %) et de l'industrie (18 %) étaient les plus exposés.

L'étude met par ailleurs en évidence une baisse des expositions aux produits cancérogènes entre 2003 et 2010.

Les expositions professionnelles aux produits chimiques dangereux ou CMR dans l'industrie du verre sont à ce jour bien documentées (9,10).

Les principales sont les suivantes, sachant que l'intensité et la probabilité des expositions diffèrent selon le type de poste occupé :

–   Hydrocarbures aromatiques polycycliques (HAP)

–   Silice cristalline

–   Oxydes métalliques : plomb, nickel, chrome, cobalt, arsenic, antimoine...

–   Fibres céramiques réfractaires

–   Amiante

–   Particules diesel

D'après l'enquête Sumer, en 2003, 16 % des employés de l'industrie de fabrication « d'autres produits minéraux non métalliques » étaient exposés à la silice cristalline, 13 % à des poussières minérales autres, et 13 % à des huiles entières minérales (11).

Le Centre international de recherche sur le cancer (CIRC) a d'ailleurs classé en 1993 la fabrication de contenants en verre comme cancérogène probable (groupe 2A) (12).

6.4.2 Études spécifiques

6.4.2.1   L'étude de la CARSAT

En 2012-2013, sur demande des représentants salariés des verreries du bassin de Givors, la CARSAT Rhône-Alpes a entrepris une étude dans quatre verreries de verre creux de la région sur l'évaluation de l'exposition du personnel aux produits chimiques dans ce type d'industrie (13). Son objectif était de réaliser un diagnostic des risques chimiques existants dans l'industrie du verre, et si nécessaire d'établir les mesures de prévention à mettre en œuvre ou à améliorer.

Elle s'est basée sur une recherche bibliographique et sur la visite des verreries sélectionnées pour examiner les équipements de travail, la démarche de prévention du risque employée, les mesures atmosphériques et d'exposition individuelle effectuées.

Plusieurs types de postes ont été examinés : réception, préparation, transfert et mélange de matières premières, fusion, coulée et formation des bouteilles, traitement à chaud des bouteilles, traitement à froid, maintenance des moules, atelier de maintenance, maintenance et nettoyage des équipements et des locaux.

Les expositions aux agents chimiques suivants ont été confirmées par cette étude (tous postes confondus) : inhalation de poussières de silice cristalline, de cobalt ou de sélénium, d'électrofiltres, inhalation de fibres céramiques réfractaires, de brouillard d'huile, pénétration cutanée et ingestion des huiles de graissage, exposition aux fumées de nickelage et aux poussières de métaux lourds, risque d'inhalation de poudre de nickel lors de l'alimentation du chalumeau.

Dans chacun des sites, la démarche d'évaluation des risques chimiques est bien en place, via une démarche structurée qui repose sur l'utilisation d'un outil informatique afin de mettre à jour les fiches de données de sécurité des produits et de coter les risques aux différents postes de travail.

L'ensemble des entreprises visitées fait appel à des laboratoires accrédités pour faire effectuer les mesures de contrôle atmosphériques. En revanche, les plans de prélèvements sont à améliorer pour prendre en compte l'ensemble des polluants réglementés, avec une fréquence appropriée, et dans des conditions de travail identifiées et représentatives des conditions d'aération qui peuvent différer selon les saisons.

Sur certains sites, des dosages biologiques (plombémie, nickel urinaire) sont réalisés pour les employés de certains postes. En revanche, selon la Carsat, la vérification des systèmes de ventilation s'avère largement insuffisante sur l'ensemble des sites.

L'étude conclut à une forte présence du risque chimique dans l'industrie du verre creux, et à la nécessité de poursuivre les démarches de prévention entreprises par les industriels afin de réduire l'exposition des salariés au niveau le plus bas possible, les expositions identifiées étant considérées comme réelles et risquées.

6.4.2.2 Autres études

Trois études ont été menées en verrerie, de novembre 2011 à mars 2010, pour étudier les concentrations de fumées d'hydrocarbures dégagées par les opérations de graissage des moules : deux à Veauche (14), et une à Puy-Guillaume (15).

Elles démontrent que les deux tiers des postes de fabrication (en période de production stabilisée) sont exposés à des taux de HAP supérieurs à 0,5 µg/m3, alors que l"INRS et les CARSAT recommandent de réduire l'exposition des salariés au-dessous de 0,5 mg/m3 d'aérosol d'huile dans l'air.

6.4.2.3 Les tableaux de maladies professionnelles désignant des cancers et des travaux en verrerie (5)

Six tableaux de maladies professionnelles du régime général (RG) concernent des travaux réalisés en verrerie. Parmi eux, deux incluent des affections cancéreuses dues à une exposition à un agent chimique :

– Le tableau RG20 : Affections professionnelles provoquées par l'arsenic et ses composés minéraux

Ce tableau désigne les affections cancéreuses suivantes : dyskératose lenticulaire en disque (maladie de Bowen), épithélioma cutané primitif, angiocarcinome du foie, pour, entre autres, les travaux suivants : « Emploi de composés minéraux arsenicaux dans le travail du cuir, en verrerie, en électronique », avec un délai de prise en charge de 40 ans.

— Le tableau RG25 : Affections consécutives à l'inhalation de poussières minérales renfermant de la silice cristalline (quartz, cristobalite, tridymite), des silicates cristallins (kaolin, talc), du graphite ou de la houille.

Ce tableau désigne les silicoses aiguë et chronique, et leurs complications telles que le cancer broncho-pulmonaire primitif, pour, entre autres, la fabrication du verre, avec un délai de prise en charge de 35 ans.

(Voir le détail des tableaux en annexes).

Les quatre autres tableaux de maladies professionnelles (n°39, 42, 71 et 71bis) incluant des travaux de verrerie désignent des affections non cancéreuses (respectivement syndrome parkinsonien, hypoacousie, cataracte, ptérygion).

D'autres tableaux de maladies professionnelles désignent des affections cancéreuses provoquées par des substances présentes en verrerie, mais n'incluent pas les travaux de verrerie dans la liste des travaux pouvant provoquer ces affections. Ils concernent l'amiante (RG30 et RG30 bis), les HAP (RG16 et 36bis), l'arsenic (RG20bis), le chrome (RG10ter), le cobalt (RG70ter), et le nickel (RG37ter).

D'après les chiffres de la CNAMTS, au niveau national, de 2009 à 2012, dans le secteur de la fabrication, du façonnage et de la transformation du verre creux (16) :

— 1 cancer professionnel a été indemnisé au titre du tableau n° 20 (arsenic)

–   4 maladies professionnelles ont été indemnisées au titre du tableau n° 25 (silice)

–   20 cancers broncho-pulmonaires ont été indemnisés au titre du tableau n°30bis (amiante)

–   3 affections ont été indemnisées au titre de l'alinéa 4, c'est-à-dire des affections non listées dans un des tableaux de maladies professionnelles

6,5 AUTRES FACTEURS DE RISQUE DE CANCERS : DES COMPORTEMENTS À RISQUE DIFFÉRENCIÉ

Si l'activité professionnelle peut s'avérer être un facteur de risque de cancer, surtout quand il existe des expositions à des agents cancérogènes, le cancer est une maladie complexe et multifactorielle, c'est-à-dire qu'elle peut être provoquée par plusieurs facteurs qui peuvent se potentialiser.

Lorsqu'on s'intéresse à cette pathologie, il convient donc de s'interroger et de faire également le point sur l'ensemble des facteurs de risque de cancer.

6.5.1 Les facteurs de risque socio-économiques

Les hommes ouvriers vivent en moyenne 6,3 ans de moins que les hommes cadres. Un homme ouvrier a 13 % de risque de mourir avant 60 ans, alors que pour un homme cadre, ce risque est de 6 % (17).

Plusieurs éléments peuvent expliquer ces inégalités :

– La nature de l'activité professionnelle : comme vu plus haut, les ouvriers subissent plus souvent des expositions professionnelles à des agents cancérogènes, et leurs conditions de travail (bruit, pénibilité, risque d'accident) sont plus défavorables à la santé que celles des cadres.

– Les conditions de vie en lien avec le niveau de revenu : les ouvriers consomment en moyenne plus d'alcool et de tabac que les catégories sociales plus favorisées, le recours aux soins est moins important et l'obésité plus présente chez les ouvriers (17,18).

Le cancer occupe une part importante dans les inégalités sociales de santé (ISS), et certains cancers sont particulièrement concernés. Une étude de l'InVS de 2008 montre que les ISS sont particulièrement marquées pour les cancers des VADS et de l'œsophage : ces cancers représentent en effet 30 à 40 % des décès par cancer en excès observés parmi les hommes sans diplôme par rapport à ceux ayant un diplôme supérieur ou égal au baccalauréat, ces inégalités ayant augmenté au cours du temps. Les ISS sont également importantes pour le cancer du poumon (19). Elles existent aussi chez les femmes, mais sont moins marquées que chez les hommes.

Une part de ces ISS peut s'expliquer par une distribution socialement différente des facteurs de risque. En effet, 92 % des décès par cancer du poumon chez les hommes sont dus au tabac (20), et 73 % des décès par cancer des voies aérodigestives supérieures (VADS, soit cavité buccale, pharynx, larynx) et de l'œsophage sont attribuables à l'alcool (21). Cependant, ces inégalités dans les comportements de santé à risque ne suffisent pas à expliquer la totalité des inégalités observées pour les cancers des VADS et du poumon (19).

Ainsi, pour les cancers des poumons et de la sphère ORL (cancers fréquemment développés par les verriers, selon leurs dires), il existe un enjeu fort sur la pondération des différents facteurs de risque pour évaluer la part du cancer d'un patient qui revient à sa consommation d'alcool et/ou de tabac, et celle qui revient à son exposition à des agents cancérogènes au cours de son activité professionnelle. Par ailleurs, le cancer est une maladie complexe, puisque :

–   Il s'agit d'une maladie plurifactorielle : les facteurs génétiques et environnementaux peuvent jouer un rôle aux côtés des comportements de santé et des expositions professionnelles

–   Elle apparaît plusieurs années, voire dizaines d'années après l'exposition à un facteur de risque

L'ensemble de ces éléments explique toute la complexité et la difficulté de la reconnaissance des cancers professionnels.

6.5.2 Les expositions environnementales
On entend ici par « expositions environnementales » l'ensemble des substances auxquelles un individu peut être exposé via les différents milieux de l'environnement, en dehors de son

milieu professionnel : air, eau, sols, et alimentation.

Le rôle des facteurs de risque environnementaux dans le risque de développer un cancer est encore difficile à établir aujourd'hui. Parmi les facteurs avérés comme facteurs de risque de cancer, on peut citer :

—   les rayonnements ionisants (dont ceux liés au radon et le rayonnement ultra-violet),

—   certains pesticides,

—   Certaines substances perturbatrices endocriniennes (Distilbène® ou benzo(a)pyrène par exemple),

—   La pollution atmosphérique

Ces éléments s'ajoutent donc à l'ensemble des expositions possibles pour un individu, pouvant intervenir dans son risque de développer un cancer.

Or, la prise en compte dans l'apparition des cancers des polyexpositions, des mélanges de substances, est aujourd'hui une question non résolue par la science : on connaît encore mal l'effet combiné de différentes expositions entre elles, celui-ci pouvant potentiellement être synergique, antagoniste, ou nul.

6,6   DES QUESTIONS EN SUSPENS

Compte tenu de l'ensemble des éléments présentés dans les sections précédentes, sont listées ci-dessous les questions qui peuvent être posées au regard des données existantes et de la situation des anciens verriers de Givors :

•   La non-délivrance des attestations d'exposition aux produits CMR

Le service de santé au travail en charge de la verrerie de Givors a délivré une attestation d'exposition aux produits CMR à l'un des anciens verriers, mais les autres ouvriers qui en font la demande aujourd'hui ne parviennent pas à s'en voir établir.

La raison pour laquelle ces attestations ne leur sont pas délivrées reste à ce jour sans réponse. Il ne fait pourtant pas de doute, au vu de la littérature et de la récente étude de la Carsat Rhône-Alpes, que les ouvriers des verreries sont exposés à de multiples produits CMR, et la réglementation prévoit bien la délivrance de ces attestations lors du départ de l'entreprise des salariés.

Ces attestations pourraient faciliter les démarches de demande de suivi médical post-professionnel demandé par les anciens verriers auprès de la CPAM, et leurs démarches de demande de reconnaissance de maladies professionnelles, le cas échéant.

- La date de mise en place de la réglementation de la prévention du risque chimique en entreprise

Aujourd'hui, la réglementation de la santé au travail et plus particulièrement celle de la prévention du risque chimique en entreprise est bien structurée. Elle l'est notamment par l'évaluation des risques via le document unique, la mise en place des mesures préventives en découlant, les contrôles réglementaires à effectuer (notamment pour les concentrations de polluants dans l'air), l'existence de documents permettant de tracer les expositions des salariés aux produits chimiques dangereux et de leur apporter un suivi médical adapté à celles-ci.

Plusieurs réformes de santé au travail ayant eu lieu dans les années 2000 (mise en place du document unique en 2001, notamment) et la verrerie de Givors ayant fermé début 2003, on peut se demander comment était organisée la prévention du risque chimique des années 70 aux années 2000, années pendant lesquelles les anciens verriers qui sont malades aujourd'hui ont travaillé à la verrerie :

☐ Quand les mesures de protection (collectives et individuelles) et la surveillance médicale renforcée ont-elles été mises en place à la verrerie de Givors ?

☐ Quels étaient les contrôles effectués ? Pour quelles substances ? Comment ?

☐ Les ouvriers de la verrerie ont-ils été suffisamment protégés compte tenu de leurs expositions ?

• La polyexposition, « l'effet cocktail »

Il existe aujourd'hui une réelle interrogation au sein de la communauté scientifique sur la prise en compte de la polyexposition dans la recherche du lien entre expositions et pathologies.

Cette interrogation s'applique tout à fait à la situation des anciens verriers de Givors : ceux-ci ont en effet vraisemblablement été exposés à plusieurs produits CMR au cours de leur activité professionnelle, ce qui constitue en soi une polyexposition. On peut en plus supposer, compte tenu de leur catégorie socio- professionnelle et de la littérature à ce sujet, qu'ils présentaient, pour un grand nombre d'entre eux, des comportements de santé à risque (consommation de tabac, d'alcool, etc. comme vu en section 6.5.1), en plus de subir des conditions de travail difficiles (bruit, température, peu de temps de pause...). Ils ont également subi, comme tout autre habitant, l'ensemble des facteurs environnementaux existant dans l'environnement général, comme la pollution de l'air, aujourd'hui classée cancérogène.

Pour résumer, les anciens verriers de Givors ont été exposés à :

— des comportements de santé individuels à risque pour certains

— plusieurs produits CMR (exposition professionnelle) : silice, amiante, HAP, oxydes métalliques

— des facteurs environnementaux hors milieu professionnel, dont la pollution atmosphérique générale, et les rejets de polluants par la verrerie avant la réglementation actuelle, difficilement quantifiables aujourd'hui

☐ À quel facteur attribuer avec certitude le « lien direct et essentiel » avec l'apparition d'un cancer ?

☐ Quel a été le rôle de la silice, de l'amiante, et des autres CMR par rapport aux comportements à risque ? Ces différents risques ont-ils interagi entre eux ? Si oui, comment ?

• Les rejets atmosphériques de la verrerie

Concernant la pollution de l'air, les verreries sont aujourd'hui réglementées sur la nature et la quantité de substances chimiques rejetées dans l'atmosphère. Une étude d'Air Rhône-Alpes de 2007 montre que, sur les trois verreries investiguées dans la région (dont celle de Veauche, très similaire à celle de Givors), toutes respectent les valeurs réglementaires en termes de rejets de polluants dans l'atmosphère (dioxyde d'azote, dioxyde de soufre, et poussières) (22). À noter que les réglementations correspondant au contrôle du rejet de ces polluants par le secteur verrier sont entrées en vigueur entre 1993 et 2003, et il a été montré que les émissions de polluants ont énormément diminué entre 1990 et 2010 (23).

☐ Quid des rejets atmosphériques de la verrerie de Givors entre 1970 et 2003 ?

• La nécessité de disposer de données précises et fiables sur la santé des ouvriers

La surveillance de la santé des travailleurs, de manière générale, se heurte à plusieurs difficultés d'ordre méthodologique :

— Hormis certains cas particuliers comme celui du mésothéliome de la plèvre, les maladies présentées sont le plus souvent non spécifiques d'éventuelles expositions professionnelles

— Elles sont souvent multifactorielles

— Elles apparaissent souvent après des délais très longs

— Les systèmes d'information existants ne permettent pas d'avoir accès à des données d'ordre professionnel

Pour étudier le lien entre l'apparition d'une maladie et des expositions professionnelles, des études et des outils spécifiques sont donc nécessaires. Dans le cas des anciens verriers de Givors, les expositions à des produits cancérogènes dans l'industrie du verre creux sont déjà bien identifiées, ainsi que leurs liens avec certains cancers. Comme déjà explicitée par la Cire Rhône-Alpes en 2009 (voir section 1.2.1), une étude épidémiologique dans la population des anciens verriers de Givors n'apporterait donc pas d'informations nouvelles sur l'association entre expositions professionnelles et risque de cancers.

En revanche, seuls deux tableaux de maladies professionnelles désignant des cancers incluent des travaux relatifs à l'industrie du verre. Les démarches de reconnaissance ne bénéficient donc que rarement de la présomption d'origine professionnelle, et passent donc par l'examen du dossier par un CRRMP. Celui-ci s'appuie sur :

— Le niveau de preuve donné par la littérature existante entre les expositions subies et la pathologie présentée

— La présence chez l'individu de facteurs de risque extraprofessionnels de la maladie présentée

Ces deux éléments mis en perspective lui permettent d'établir ou non le lien direct entre la pathologie et les expositions subies.

Il est donc important de disposer de suffisamment d'études spécifiques et précises, en termes de description de postes et d'expositions, pour pouvoir les exploiter lors de l'examen d'un dossier. C'est, entre autres, la mission du département santé-travail de l'Institut de veille sanitaire. Des cohortes en population, d'entreprises ou de secteur, et le suivi de la mortalité par cause et secteur ont été mis en place, et des outils d'aide à l'évaluation des expositions ont été développés (matrices emploi-expositions) (24).

Des études qui explorent la part des facteurs environnementaux et professionnels dans certains cancers sont aussi en cours, et pourront apporter des éléments à l'examen des dossiers en CRRMP.

On peut notamment citer l'étude française ICARE (Investigation of occupational and environmental causes of respiratory cancers), qui s'intéresse aux cancers respiratoires (poumon et cancer de la tête et du cou5). Pour les 2 926 cas de cancers du poumon et les 2 415 cas de cancers de la tête et du cou inclus, les facteurs de risques d'ordre professionnel et environnemental ont été recensés et comparés à ceux de témoins. Elle s'intéresse à une soixantaine de substances présentes en milieu professionnel, l'amiante, les fibres minérales, les HAP, la silice, etc. (25).

Ses principaux résultats sont les suivants :

–   Les consommations de tabac et d'alcool sont associées à une augmentation du risque de cancer de la cavité orale, particulièrement du cancer du plancher buccal : 79 % des cancers de la tête et du cou sont dus à la consommation de tabac, 7,3 % sont dus à la consommation d'alcool, et 81 % sont dus à la consommation combinée d'alcool et de tabac (26)

–   L'exposition professionnelle à l'amiante est associée à une augmentation du risque de cancers de la tête et du cou (larynx, hypopharynx, oropharynx, cavité orale) (27)

–   L'exposition à la silice n'est pas associée à une augmentation du risque de cancers de la tête et du cou, même si une légère augmentation du risque est suggérée pour les expositions les plus fortes (27)

–   L'effet synergique de l'alcool et du tabac sur les cancers de la tête et du cou est plus que multiplicatif (26)

–   12 % des cancers du poumon sont attribuables à une exposition professionnelle à un cancérogène avéré (28)

Les cancers de la tête et du cou comprennent les cancers de la cavité buccale, du pharynx, du larynx, des fosses nasales, des sinus, des glandes salivaires et du nasopharynx. Le cancer du cerveau n'est pas un cancer de la tête et du cou.

6,7   CONCLUSION

L'association des anciens verriers de Givors constate aujourd'hui que plusieurs d'entre eux sont atteints de cancers, et le nombre de personnes atteintes leur semble anormalement élevé. Pour les anciens verriers, l'apparition de ces cancers a un lien fort avec les expositions professionnelles passées, dans le cadre du travail effectué à la verrerie.

S'il est clair que les anciens verriers ont été exposés à plusieurs substances CMR au cours de leur activité professionnelle (amiante, silice, HAP, oxydes métalliques...), il n'existe cependant aujourd'hui que deux tableaux de maladies professionnelles désignant des affections cancéreuses dues à des travaux en verrerie. Les demandes de reconnaissance en maladies professionnelles sont donc examinées par un CRRMP qui évalue, sur la base des données scientifiques existantes, la pertinence ou non d'un lien direct et essentiel entre les expositions professionnelles passées et la pathologie présentée.

Dans ce cadre, plusieurs obstacles sont rencontrés, par les verriers d'une part, et par le CRRMP d'autre part :

— L'absence d'attestation d'exposition aux CMR complexifie les démarches de demande de suivi post-professionnel et de reconnaissance par les verriers

— Le manque de données scientifiques précises et fiables sur le lien entre les substances présentes en verrerie et les cancers présentés aujourd'hui par les verriers (cancers du poumon et ORL essentiellement) complexifie la reconnaissance par le CRRMP du lien direct et essentiel entre les expositions professionnelles et les pathologies présentées

— L'existence de facteurs de risque extra-professionnels fortement associés aux pathologies présentées (consommation de tabac et d'alcool, notamment) ne joue pas en faveur d'une reconnaissance du risque professionnel comme facteur déclenchant essentiel.

Par ailleurs, d'autres questions sont toujours en suspens aujourd'hui, qui font l'objet d'investigations scientifiques, mais pour lesquelles il n'y a pas encore de résultats. Dans le cas de la problématique des verriers, elles se traduisent de la manière suivante :

—   Quel est l'éventuel «effet cocktail» sur la santé, de l'ensemble des expositions subies par les anciens verriers : expositions professionnelles aux CMR, comportements individuels à risque (tabagisme notamment) et expositions environnementales ? Et dans cet éventuel effet cocktail, quelle serait l'importance de la part des expositions professionnelles ?

—   Quelles ont été les mesures de protection et la surveillance médicale des salariés mises en place et effectivement réalisées durant toutes les années pendant lesquelles la verrerie a été en fonctionnement (globalement des années 70 aux années 2000) ? Et, sur cette période est-ce que les protections ont été suffisantes ou efficaces par rapport aux risques encourus par les verriers ?

Voir également le dernier chapitre de cette étude sur **Produits et situations à risques à la verrerie de Givors**(très technique) :
Classifications cancérogènes des produits et conditions de travail. Organes affectés. Par **Laurent Gonon**.

Bibliographie santé des verriers[54]

1. Laferrere M. L'industrie du verre dans la région Rhône-Alpes. Rev Géographie Lyon. 1993;68(1).
2. Chapuis Y. Histoire de la verrerie de Givors. 1965-2003 [Internet]. Givors, d'un siècle a l'autre. 2011. Disponible sur :
http://yves.c.free.fr/verrerie/verrerie1.htm
3. Conditions de travail, bilan 2007 - L'organisation de la prévention des risques professionnels en France. Direction Générale du Travail ; 2008.
4. INRS. Aide-mémoire juridique : les maladies professionnelles. Régime général (TJ19). 2012.
5. INRS. Tableaux des maladies professionnelles [Internet]. Disponible sur : http://www.inrsmp.fr/mp/cgi-bin/mppage.pl ?
6. CNAMTS. Programme de qualité et d'efficience « accidents du travail/maladies professionnelles ». 2015.
7. InVS. Estimation du nombre de cas de certains cancers attribuables a des facteurs professionnels : InVS, avril 2003. 2003.
8. DARES. Les expositions aux produits chimiques cancérogènes en 2010. Enquête Sumer 2010. 2013.
9. INRS. Fiche d'aide au repérage FAR5-Fabrication du verre plat ou technique. 2013.
10. InVS. Exp-pro. Outils d'aide a l'évaluation des Expositions professionnelles [Internet]. [cite 3 févr. 2015]. Disponible sur :
http://exppro.invs.sante.fr/exppro/matrices

---

[54] Également extraite du document de l'
Observatoire régional de la santé (Rhône-Alpes)
Espace Régional de Santé Publique
9, quai Jean Moulin - 69001 Lyon
Tél. : 04 72 07 46 20 - Fax : 04 72 07 46 21
E-mail : courrier@ors-rhone-alpes.org
http://www.ors-rhone-alpes.org

11. DARES. Les expositions aux risques professionnels par secteur d'activités. Résultats Sumer 2003. 2006.

12. CIRC. IARC Monograph volume 58. Exposures in the glass manufacturing industry [Internet]. 1993. Disponible sur :
 http://monographs.iarc.fr/ENG/Monographs/vol58/

13. Carsat Rhone-Alpes. Évaluation de l'exposition aux produits chimiques du personnel en verreries de verre creux de la région Rhône-Alpes. Années 2012-2013. 2013.

14. Sud Loire santé au travail, Carole Duplaine pharmacien toxicologue. Étude du risque lie a l'exposition aux aérosols de fluides d'usinage. 2010.

15. AIST, cellule toxicologique/Hygiene/ Securite/Environnement. Dr Chassagne Pierre, Viala Corinne, Blanchet Didier. Étude de l'exposition aux brouillards d'huile sur les lignes de fabrication en partie chaude, O.-I. Manufacturing France. 2011.

16. CNAMTS. Sinistralite AT-MP. Risque 261ED. Maladies professionnelles [Internet]. [cite 14 janv 2015]. Disponible sur :
http://www.risquesprofessionnels.ameli.fr/statistiques-et-analyse/sinistraliteatmp.html

17. Blanpain N. L'espérance de vie s'accroît, les inégalités sociales face a la mort demeurent [Internet]. 2011. Disponible sur :
http://www.insee.fr/fr/themes/document.asp?ref_id=ip1372

18. InVS. Consommation de tabac par catégorie socio-professionnelle et secteur d'activité. 2010.

Diagnostic local de santé - Givors

106 Observatoire Régional de la Sante Rhône-Alpes – Avril 2016

19. Menvielle G, Leclerc A, Chastang J, Luce D. Inégalités sociales de mortalité par cancer en France : etat des lieux et évolution temporelle. BEH. 2 sept 2008;(33):289-92.

20. Hill C. Epidémiologie du tabac. La revue du praticien. 2012;62:325-30.

21. Guerin S, Laplanche A, Duant A, Hill C. Mortalité attribuable a l'alcool en France en 2009. BEH. 2013;(16-17-18):163-8.
22. AMPASEL. Surveillance en proximité industrielle autour de la verrerie « Owens-Illinois Manufacturing » sur la commune de Veauche (Loire). 2007.
23. Ministère de l'Écologie, du Développement et de l'Aménagement Durables. Monographie sectorielle. Industries du verre. 2008.
24. InVS. Travail et santé / Dossiers thématiques / Accueil [Internet]. [cite 12 févr. 2015]. Disponible sur : http://www.invs.sante.fr/Dossiers-thematiques/Travail-et-sante
25. Luce D, Stucker I, ICARE Study Group. Investigation of occupational and environmental causes of respiratory cancers (ICARE): a multicenter, population-based case-control study in France. BMC Public Health. 2011;11:928.
26. Radoi L, Paget-Bailly S, Cyr D, Papadopoulos A, Guida F, Schmaus A, et al. Tobacco smoking, alcohol drinking and risk of oral cavity cancer by subsite: results of a French population-based case-control study, the ICARE study. Eur J Cancer Prev Off J Eur Cancer Prev Organ ECP. mai 2013;22(3):268-76.
27. Paget-Bailly S, Cyr D, Carton M, Guida F, Stucker I, Luce D. 0234 Head and neck cancer and occupational exposure to asbestos, mineral wools and silica: results from the ICARE study. Occup Environ Med. juin 2014;71 Suppl 1:A90.
28. Guida F, Papadopoulos A, Menvielle G, Matrat M, Fevotte J, Cenee S, et al. Risk of lung cancer and occupational history: results of a French population-based case-control study, the ICARE study. J Occup Environ Med Am Coll Occup Environ Med. sept 2011;53(9):1068-77.

Autres ouvrages de l'auteur

Histoire contemporaine : témoins

Livre blanc de la pollution du Rhône (Col.) — MNLE 1982
Au fil du Rhône, histoires d'écologie — Messidor 1992
Le Rhône fleuve lumière — Ouest France 1994
Voies de la déportation — Naturellement 1995 (Réédité
chez Kindle Édition en 2011)
Le Rhône — PUF " Que sais-je ? " 1996
Écologie et progrès (Col.) — Naturellement 1997
Le Rhône et ses crues (Col.) — Naturellement 1997
Écologie et civilisation (Col.) — Naturellement 1998
Algériens, la France et l'Algérie — Naturellement 2000
Militer (réédition de L'appareil et de Fandom) — Le Ma-
nuscrit (éditions) 2005
Explorations — Edilivre — 2010
Livre Noir de la Mairie de Givors (sous le pseudonyme de
Robert Neville) Edilivre 2011
Communisme : je m'en suis sorti ! — Edilivre 2012
Vorgines fées et témoins du fleuve — Edilivre 2014
Fandom 2 sfm éditions 2016
Chroniques de La Chute annoncée — affaires givordines
— sfm éditions 2018
Histoire politique de Givors jusqu'à la Chute ! - 1953 -
2018 — Textes et documents 2018

Essais

L'effet Vénus (Coll.) — Eons 2005
Fantastique, des auteurs et des thèmes — Naturellement
1998

La Terre et son climat suivi de Petite histoire des crues du Rhône, Le Manuscrit (éditions), 2006
La Terre et son climat — Manuscrit — Université 2006
La ville et l'industrie (Risque majeur, pollution et aménagement du territoire) — Edilivre 2008

Cinéma

Le cinéma fantastique — Naturellement 1998
Le cinéma fantastique de l'année 1998 — Naturellement 1999
Fantastique et science-fiction au cinéma — Naturellement 1999
Le cinéma fantastique (2000 - 2001) - Naturellement 2002
Un siècle de cinéma fantastique et de SF, Le Manuscrit (éditions) 2005
Le cinéma fantastique en 2005 — Le Manuscrit (éditions) 2006
Le cinéma fantastique et de SF en 2006 — Le Manuscrit (éditions) 2008
Cinéma fantastique et de SF (2007-2010) (Et Séries télé : Stargate SG1, Atlantis, Universe et retour sur X-files) Edilivre 2010
Lovecraft au cinéma Edilivre 2011
Vampires au cinéma — Edilivre 2011
Zombies au cinéma — Edilivre 2012
Nature fantastique au cinéma — Edilivre 2012
Le Gothique au cinéma — Edilivre 2012
Un siècle de cinéma fantastique et de SF : la suite (2004-2015) Edilivre 2015
Lovecraft au cinéma (La suite 2008-2015) Kindle
Fantastique et science-fiction, réel, cinéma, littérature (exploration) Edilivre 2015
Stargate : le guide CreateSpace 2016

X-files le guide CreateSpace 2016
Séries TV fantastique, SF, policier CreateSpace 2016
Stargate & X-files le guide (revue et corrigée) Edilivre 2016
Cinéma fantastique et de SF, Essais et données pour une histoire du cinéma fantastique 1895-2015 sfm éditions 2016
The Strain sfm éditions 2016
Terreur végétale dans les films d'horreur et de SF sfm éditions 2016
Supernatural, Intertextualité cinématographique sfm éditions 2017
Lovecraft au cinéma — Du Monstre de Val Guest à Stranger Thinks sfm éditions 2018
Lovecraft au cinéma et à la télé – sfm éditions 2018
Aliens, Mutants et autres monstres – sfm éditions 2018
Zombies et autres revenants – sfm éditions 2018
Nature terrifiante – sfm éditions 2018
Anges démons et enfer – sfm éditions 2018
Philip K. Dick – sfm éditions 2018
Robots, I.A. et mondes virtuels – sfm éditions 2018
Films gothiques - sfm éditions 2018
Voyages dans le temps — paradoxes spatiotemporels au cinéma — sfm éditions 2018
Bestiaire du cinéma fantastique - sfm éditions - 2018
123 ans de cinéma fantastique et de SF Essais et données pour une histoire du cinéma fantastique — 1895-2019 — sfm éditions — 2019
Écrivains fantastique SF cinéma - sfm éditions - 2019
X-Files le guide : la série TV et les films - sfm éditions - 2019

Nouvelles

Vorgines, fées et témoins du fleuve — Naturellement 1993

Nouvelles d'autres mondes (Col.) — Naturellement 1997

Pas de nouvelles de lui (Col.) — Naturellement 1998

Hollywood : les sept dernier jours de Bela Blasko in " De Sang et d'Encre " Nat. 1999

Stigmates in " Forces Obscures n° 2 " Nat. 1999 - en anglais : Stigmata publié aux États-Unis sur le site de Michael Lohr 2005

Le chant de la meuille (Recueil) — Naturellement 2002 ; réédition chez Le Manuscrit (éditions), 2006

Le Train - science fiction magazine 2009

Lettre à Ralsa Marsh — sfmag 2010

Lettre à Ralsa Marsh in Lovecraft au cinéma Edilivre 2011

Terribles moments sfm éditions 2016

Le Chant du fleuve - sfm éditions 2017

Romans

La compagnie des clones, Naturellement, 1997

Ruines, Naturellement, 1998

Fleur de soufre, Naturellement, 2000

L'appareil suivi de la nouvelle Le Spectre — Naturellement 2000

Sous le pseudonyme de Pierre Dagon

Les 12 filles de Lilith par Pierre Dagon — sfmag (2001)

Lovecraft à Espérance par Pierre Dagon — sfmag (2003)

L'Alchimiste par Pierre Dagon — sfmag (2004)

Les Âges sombres par Pierre Dagon — sfmag (2005)

Jean Calmet (Les Vampires et Lovecraft) — Edilivre 2011 (Recueil de 6 romans)

Yuggoth et Titan par Pierre Dagon sfm éditions 2016

La Trame des Mondes (avec Pierre Dagon) — Les Aventures fantastiques de Jean Calmet sfm éditions 2018

Cthulhu dégage Nyarlathotep arrive par Pierre Dagon sfm éditions 2019

Shub-Niggurath le Bouc aux mille chevreaux par Pierre Dagon sfm éditions 2019

Le Voyage à Innsmouth" par Pierre Dagon sfm éditions 2019

Auto-éditions

Clive Barker au cinéma – Aliens généalogie cinématographique – E.R. Burroughs, l'aventurier de l'imaginaire – L'Amour à mort ! – Le Chant du fleuve – Le Réel au service du fantastique – Philip Kindred Dick – Entretiens fantastique SF – Fantastique SF Sciences – Le Rhône, reflets, ombres et lumières, etc.

Toutes ces études se retrouvent dans le Grand Livre du cinéma fantastique de l'auteur :

123 ans de cinéma fantastique et de SF-Essais et données pour une histoire du cinéma fantastique, 1895-2019

Films

En collaboration avec le cinéaste Paul Carpita :

Vallée du Rhône la colère, PROFILIM 1978

Le Rhône la mer danger pollution, PROFILIM 1988

Vivre à Givors, PROFILIM 1989

Table des matières

www.ingramcontent.com/pod-product-compliance
Lightning Source LLC
LaVergne TN
LVHW011228080426
835509LV00005B/379